JULIE BARDIN

Trucs & Conseils à l'ancienne

**Astuces pour bien-vivre
et bien-recevoir
chez soi**

De Borée

Dans la même collection

Citations, Proverbes et Dictons de chez nous, Julie Bardin
Saint, Anges et Démons, Julie Bardin
Mots d'amour, Julie Bardin
Grandes et petites histoires de la gourmandise française, Sylvie Girard-Lagorce
Aux plaisirs du jardin – Jardinez à l'ancienne avec la météo, Roger Ripert
Confitures et gourmandises – Conserves et boissons à faire soi-même, Rose Morin
Vertus et bienfaits des plantes – Tisanes, infusions, décoctions, Céline Beylier

En application de la loi du 11 mars 1957,
il est interdit de reproduire intégralement ou partiellement
le présent ouvrage sans autorisation de l'éditeur ou du Centre français
d'exploitation du droit de copie, 20, rue des Grands-Augustins, 75006 Paris.

© *De Borée*, 2004
Imprimé en Espagne en février 2009
Dépôt légal : mai 2004
ISBN : 978-2-84494-274-6

Présentation

À une époque où l'on ne trouvait pas de bombes nettoyantes dans les grandes surfaces, quand les vêtements n'étaient pas en fibres synthétiques ni les serviettes en papier, on savait faire durer et embellir autrement.

On s'est longtemps transmis de mère en fille ces trucs et conseils qui font l'art de bien-vivre et de bien-recevoir chez soi. Ils passent de l'anecdotique à l'essentiel, de l'empirique au réfléchi, confirmés par l'expérience et l'usage.

Comment peler les oignons et empêcher un vieux parquet de grincer, comment tirer des meubles sur une moquette et réussir une mayonnaise, comment peler un fruit avec un couteau et une fourchette ou lutter contre les mauvaises odeurs de cuisine, effacer les rides et les taches, quand offrir des fleurs et quels vins proposer lors d'un repas entre amis…

Les meilleurs de ces trucs et conseils ont été rassemblés dans cet ouvrage, certains remis à jour

Trucs et conseils à l'ancienne

(les congélateurs ont remplacé les glacières) et présentés en fonction de la vie domestique : cuisine, chambres et séjour, salle à manger, salle de bains, balcon ou jardin…

Voici de nombreux et « bon vieux » trucs, toujours valables, même au temps de l'ordinateur et du sèche-cheveux, pour réparer, nettoyer, bien se nourrir et remédier facilement aux petits tracas de la vie, à peu de frais et sans risque.

Julie Bardin

Poids, Mesures & Cuissons

Le sonneur donnant l'heure d'allumage des lanternes

Trucs et conseils à l'ancienne

Poids / Mesures

Si la balance de cuisine vous fait défaut, sachez qu'une livre (500 g) équivaut sommairement à :
– 2 tasses de beurre
– 2 tasses de sucre
– 2 tasses de viande hachée crue
– 4 tasses de farine

– 1 cuillerée à café équivaut à 5 g
– 1 cuillerée à soupe équivaut à 15 g
– 1 verre à vin équivaut à 15 cl environ
– 1 verre à eau équivaut à 20 cl environ
– 1 verre à Madère équivaut à 10 cl environ
– 1 verre à liqueur équivaut à 2,5 cl environ

– 1 tasse équivaut à 250 cl environ
– 1/2 tasse équivaut à 125 cl environ
– 1/3 tasse équivaut à 80 cl environ
– 1/4 tasse équivaut à 60 cl environ

– 1 pincée (poivre ou sel) = 10 g
– 1 prise (poivre ou sel) = 1 g

100 g de bœuf =   1 steak haché
                               1 petit faux-filet
                               3 petits morceaux braisés
                               2 tranches de rôti

Poids, Mesures et Cuissons

100 g de poulet =   1 escalope
                               2 cuisses
                               2 contre-cuisses
100 g d'agneau =   2 tranches de gigot
                               1 belle côtelette
100 g de veau =   1 escalope
                               3 morceaux de sauté
                               2 tranches de rôti
100 g de porc =   2 tranches de jambon
                               1 belle côtelette
                               2 tranches de rôti
125 g de poisson = 1 beau filet
200 g de féculents = 1 assiette de pâtes
                               1 bol de riz
                               3 pommes de terre à l'eau
200 g de légumes = 1 grande assiette
100 g de fruits =   1 pomme, 1 poire…
                               1 poignée de fruits rouges
150 g de pain =   1 baguette
60 g de pain =   1/3 de baguette
40 g de pain =   1/4 baguette
30 g de pain =   1 tranche

Si vous n'avez pas de mètre pliant pour mesurer des distances, sachez qu'une enjambée fait en moyenne 65 cm, qu'un grand pas fait environ 1 m, et qu'un doigt correspond à une épaisseur de 2 cm.

Barbecue

• Pour éviter que les viandes grasses s'enflamment lors de leur cuisson, il faut saupoudrer les braises de gros sel.

• Après utilisation, frottez la grille encore chaude du barbecue au papier journal pour que les résidus d'aliments n'y restent pas collés.

Cocotte-minute

Lorsqu'on utilise un autocuiseur (ou une cocotte-minute), on divise en général les temps de cuisson par deux. En cas de doute, se reporter au manuel de cuisine généralement offert avec l'autocuiseur lors de son achat.

Feu vif

Lorsqu'on doit procéder à une cuisson à feu vif, il faut utiliser un mélange beurre-huile ; l'huile résiste mieux à la chaleur et empêche le beurre de brûler, ce qui est néfaste au goût comme à la santé.

Flambage

Pour réussir un flambage, il faut que l'alcool soit chaud avant d'être enflammé au contact d'une allumette ; ensuite, il ne doit être versé que déjà en flammes pour ne pas se mélanger aux sauces et trop en modifier le goût.

Poids, Mesures et Cuissons

Four (températures)

four doux :	160° / thermostat 3
four moyen : de	180° / thermostat 4
à	190° / thermostat 5
four chaud : de	200° / thermostat 6
à	220° / thermostat 7
four très chaud : de	230° / thermostat 8
à	240° / thermostat 9

Pour mesurer – approximativement – la température d'un four, y mettre pendant 1 minute une feuille de papier blanc : si elle reste blanche, le four est tiède, si elle jaunit, le four est chaud, si elle brunit, le four est très chaud.

Friture

• Pour réduire l'odeur de friture (désagréable et persistante), ajoutez une branche de persil dans l'huile, quand elle commence à chauffer.

• Pour savoir si l'huile de friture est à bonne température, y jeter un petit morceau de pain : elle doit grésiller. • Autre test, mettre un grain de maïs cru dans la friture en train de chauffer : lorsqu'il remonte à la surface, c'est que la friture est à point.

• Pour éviter des projections d'huile lors d'une cuisson, jeter une pincée de gros sel dans la friteuse.

• Si l'huile de friture menace de déborder de sa marmite, y jeter un oignon épluché.

• Pour nettoyer l'huile de friture et la débarrasser des déchets de frites, par exemple, jeter dans l'huile chaude un blanc d'œuf. En rissolant, il rassemblera ces déchets; on retirera le tout.

Gratin (brûlé)

Si le dessus du gratin est brûlé, enlevez la partie noircie. Puis nappez le dessus du gratin de sauce Béchamel ou de crème fraîche, saupoudrez de gruyère râpé et remettez au four.

Gril

• Pour éviter que la graisse brûle en même temps que la viande rôtit, mettre du gros sel sur la plaque qui recueille cette graisse.
• Mettre, sous le gril du four, un plat avec de l'eau qui absorbera la fumée et la graisse.

Pâtisserie au four

Plus la pâtisserie est épaisse, moins le four doit être chaud, car une chaleur trop forte empêche une cuisson à cœur.

Refroidir un plat

Pour refroidir rapidement un plat, il faut le faire tremper dans un récipient contenant de l'eau froide additionnée d'une poignée de gros sel.

Poids, Mesures et Cuissons

Rôti

Selon les fours, et leurs particularités (chaleur tournante, grilloirs simples ou doubles, cuisson combinée…) les temps de cuisson diffèrent ; reportez-vous aux indications données par le fabriquant du four. On compte, en moyenne, à four chaud (curseur sur *Rôtisserie* ou *Gratin*), pour :

Rosbif :	10 à 12 minutes par kg
Gigot :	20 minutes par kg
Carré de veau :	30 minutes par kg
Carré de porc :	30 minutes par kg
Dinde grasse :	45 minutes par kg
Oie :	45 minutes par kg
Poularde :	45 minutes par kg
Poulet :	30 minutes par kg
Pigeon :	20 minutes par kg
Pintade :	20 minutes par kg
Faisan :	30 minutes par kg
Perdreau :	20 minutes par kg
Bécasse :	20 minutes par kg
Canard sauvage :	15 minutes par kg
Râble de lièvre :	20 minutes par kg
Lapereau :	20 minutes par kg

• Il y a des viandes qui, par leur nature, cuisent plus lentement les unes que les autres. Il sera donc toujours nécessaire de s'assurer de la cuisson avant de les sortir du four ou de les débrocher (si vous les placez dans une rôtissoire, ou si vous les

Trucs et conseils à l'ancienne

mettez à la broche, ajoutez 5 minutes de cuisson environ).

• La méthode la plus simple pour savoir si une viande est cuite à point est d'appuyer fortement le doigt sur la noix des viandes de boucherie, et, pour les volailles et gibiers, sur le gros de la cuisse. Si la viande est cuite, elle doit fléchir sous le doigt sans opposer aucune résistance.

Termes de Cuisine

L'aiguiseur de couteaux

Trucs et conseils à l'ancienne

Aspiquer. Verser du jus de citron ou un filet de vinaigre dans un jus, une sauce ou une gelée.

Barder. Entourer de bandes de lard gras une viande destinée à être rôtie ou braisée.

Blanchir. Mettre dans l'eau bouillante pendant un temps déterminé certains légumes dont on retire ainsi l'âcreté. On blanchit aussi les têtes et les pieds de veau, afin de les rendre plus flexibles et plus faciles à parer. Le blanchissage s'applique également aux couennes de porc, pour en faciliter le nettoyage et le dégorgement.

Bourrer. Remplir de farce.

Braiser. Faire cuire à la casserole, à petit feu, une pièce de viande couverte hermétiquement.

Brider. Faire passer dans les membres d'une volaille une ficelle pour les empêcher de s'écarter au feu et donner à la pièce la forme adaptée pour la présenter comme entrée ou comme rôti.

Ciseler. Faire des incisions au couteau, plus ou moins profondes, à la surface de poissons ou de légumes, afin d'en faciliter la cuisson. Signifie aussi couper en lamelles très fines.

Termes de Cuisine

Chemiser. Enduire l'intérieur d'un moule de farce, de gelée, de beurre, de farine, ou y disposer du papier sulfurisé. On peut également chemiser un moule de biscuits à la cuillère pour confectionner une charlotte, par exemple.

Chinois. Petite passoire conique.

Clarifier. Opération qui rend limpides les gelées, les jus, les consommés, le beurre. Les gelées se clarifient à l'œuf (on y mêle un blanc d'œuf battu) ; les jus et les consommés à la viande ; on clarifie le beurre en le mettant à feu doux.

Concasser. Piler grossièrement.

Contiser. Pratiquer de petites incisions dans la peau d'une volaille, d'un gibier ou de certains poissons afin d'en faciliter la cuisson.

Découper. Séparer les membres d'une volaille ou d'un gibier que l'on veut ou fricasser ou faire sauter.

Déglacer. Verser un liquide (vin, eau, bouillon…) dans une casserole lors de la cuisson d'une viande ou d'un poisson afin qu'ils n'attachent pas (ce liquide dissout les sucs caramélisés) ; le jus de cuisson s'en trouve ainsi allongé.

Trucs et conseils à l'ancienne

Dégorger. Laisser tremper des légumes pour leur faire perdre leur âcreté ; on dégorge aussi les pieds et têtes de veau, crêtes de coq, etc., pour en enlever le sang, qui les ferait noircir à la cuisson.

Dégraisser. Retirer la graisse à la surface d'un bouillon ou d'un jus. L'opération est plus facile à froid, la graisse ayant figé.

Dénerver. Enlever les nerfs d'un morceau de viande.

Dépouiller. Enlever la peau.

Dessécher. Travailler, sur le feu, une pâte ou une purée de pommes de terre ou de légumes avec la cuiller de bois en pressant sur le fond de la casserole, pour empêcher la préparation d'attacher, et faciliter l'évaporation de l'eau de cuisson.

Dresser. Disposer les mets sur un plat ou une assiette, avant de les servir.

Échauder. Faire bouillir de l'eau dans une casserole. Lorsque l'eau bout, retirer la casserole et y plonger ce que l'on doit échauder afin que l'eau bouillante l'amollisse ou en décolle la peau.

Termes de Cuisine

Étamine. Filtre de laine fine, de crin ou de fil pour passer les sauces.

Flamber. Passer rapidement volaille et gibier à la flamme afin d'éliminer poils ou duvets résiduels.

Foncer. Garnir de pâte le fond et les parois d'un moule, pour un gâteau. Garnir le plat avec du lard ou des légumes.

Fraiser. Aplatir, dans un moule ou sur un plan de travail, de la pâte avec la paume de la main.

Frémir. Petite agitation qui se produit à la surface d'un liquide juste avant l'ébullition.

Garniture. Qui accompagne entrées ou plats.

Glacer. Passer au pinceau avec le jus de viande consistant, appelé glace, des viandes, des sautés. C'est aussi passer à feu vif une préparation nappée de sauce. Le mot glacer s'applique encore aux couches de sucre que l'on applique sur des pâtisseries.

Larder. Planter dans la viande, à intervalles réguliers, dans le sens des fibres, des lardons.

Trucs et conseils à l'ancienne

Lever. Couper à plat des escalopes ou des tranches dans un morceau de viande ou de poisson.

Lier. Rendre une sauce ou un potage plus onctueux en y ajoutant du jaune d'œuf, du sang, de la crème, du beurre ou de la farine.

Luter. Coller le couvercle d'un récipient (terrine, par exemple) avec un mélange de farine et d'eau.

Manier. Pétrir une farce ou une pâte pour bien en mélanger les composants.

Mariner. Faire macérer de la viande dans un liquide où trempent des aromates pour l'en imprégner.

Masquer. Recouvrir de sauce ou de gelée.

Monder. Décortiquer, enlever les pépins, l'écorce ou la peau.

Mouiller. Mettre dans la casserole le liquide nécessaire pour la cuisson.

Nappe (cuire à la). Lorsque l'on fait des confitures, on trempe l'écumoire dans la bassine, puis on l'élève au-dessus ; quand le jus fait nappe en glissant sur l'écumoire, la cuisson est arrivée au point voulu.

Termes de Cuisine

Parer. Préparer une viande en y supprimant les morceaux inutiles, non comestibles (gras) ou peu présentables.

Passer. Faire passer une sauce à travers un tamis, une passoire ou une serviette.

Pelle à dorer / Pelle rouge. Instrument que l'on fait rougir à la flamme et que passe à la surface d'une crème pour la brûler, ou d'un fruit pour le glacer.

Pèse-sirop. Le pèse-sirop est un densimètre qui indique la teneur (en degrés) en sucre d'un sirop.
Si l'on n'en dispose pas, on peut procéder au jugé : • 20 degrés : le sirop nappe ; • 32 degrés : le sirop perle sur l'écumoire ; • 48 degrés : le sirop caramélise.

Piquer. Introduire en profondeur, avec la pointe d'un couteau, des lardons dans une viande pour qu'elle soit moins sèche après cuisson.

Pocher. Plonger, pour le cuire, un aliment dans un liquide proche de l'ébullition.

Rafraîchir. Après avoir fait blanchir les légumes et les viandes, les mettre dans l'eau froide : on rafraîchit les légumes pour les empêcher de prendre une

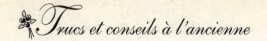

Trucs et conseils à l'ancienne

teinte jaunâtre (cuisson à l'anglaise), et les viandes pour les nettoyer et enlever les restes d'écume.

Réduire. Faire évaporer un liquide à feu vif.

Réserver. Mettre à part.

Revenir. Faire sauter les morceaux de viande dans une matière grasse pour leur faire prendre couleur.

Saisir. Faire dorer dans de la graisse, de l'huile ou du beurre un aliment au début de sa cuisson.

Salpicon. Composé de volaille, gibier ou poisson, avec truffes, foie gras, champignons, coupés en dés.

Saumure. Eau très salée.

Sauter. Cuire rapidement à feu vif des morceaux de viande, de poissons ou des légumes dans une *sauteuse* (poêle) avec un peu de matière grasse.

Travailler. Remuer avec une cuillère pendant un certain temps une sauce ou une pâte afin de la rendre lisse.

Zeste. Morceau d'écorce de citron, d'orange ou autre agrume.

Ustensiles
& Appareils ménagers

Le réparateur de seaux et de soufflets

Congélateur

PRODUITS À NE PAS METTRE AU CONGÉLATEUR

• Les *gâteaux* faits de blancs d'œuf.

• Les *tartes* contenant des garnitures crémeuses ; elles deviendront molles à la décongélation.

• Les *œufs cuits* deviennent mous et élastiques.

• Les *fritures* perdent leur croustillant et deviennent molles.

• Les *sandwiches* avec de la confiture (le pain absorbe la confiture).

• La *mayonnaise* (ses ingrédients se séparent).

• Les *fromages mous*.

Si vous avez congelé les produits suivants et vous apercevez qu'ils ont changé d'aspect après leur décongélation, voici comment les rattraper :

• Les *légumes, pâtes et gratins* ramollissent à la congélation. Faites les congeler mi-cuits pour qu'ils gardent leur fermeté.

• Les *légumes crus* perdent leur craquant à la congélation ; ils ne peuvent plus être utilisés que pour des soupes, plats en sauce, ragoûts, etc.

• Les *fromages durs* peuvent être congelés et utilisés ensuite comme fromage à gratin. Avant de congeler du fromage, l'envelopper dans du papier aluminium, afin qu'il se dessèche moins. Toujours le décongeler au réfrigérateur.

• Si les ingrédients des *sauces* se sont séparés, leur rendre leur homogénéité en les passant au robot.

Ustensiles et Appareils ménagers

• Pour que les *sauces liées* ne perdent pas leur saveur lors d'une congélation, il faut remplacer le quart de la farine prévue dans la recette par de la fécule de pomme de terre.

• Les *sauces épaisses* sont à éclaircir avec du bouillon.

Congélateur en panne

• Une panne électrique, et tous les aliments dans votre congélateur sont avariés. Pour l'éviter, remplir d'eau des bacs ou des sacs et des bouteilles en plastique et les congeler dans les espaces disponibles, car un congélateur est rarement rempli au maximum de ses capacités. En cas de panne, votre congélateur, transformé en glacière temporaire grâce à ces blocs de glace ajoutés conservera les aliments un peu plus longtemps. • Pour déterminer si la panne a été néfaste aux aliments contenus dans le congélateur, mettre comme témoin une petite bouteille en plastique remplie à moitié d'eau. La faire congeler en position horizontale, puis la placer en position verticale. Si, après la panne, il y a de l'eau au fond de la bouteille, il faut jeter, consommer immédiatement ou faire cuire le contenu du congélateur. La chaîne du froid a été interrompue.

Décongélation

Pour faire décongeler plus vite du *poisson* ou de la *viande*, trempez-les quelques minutes dans de l'eau vinaigrée.

Trucs et conseils à l'ancienne

Garde-manger

Dans son placard ou son congélateur, afin de faire face aux imprévus et de cuisiner rapidement, mieux vaut avoir les produits suivants :
- légumes congelés ou en conserves ;
- riz ;
- pâtes ;
- farine ;
- tomates en conserve ;
- oignons ;
- ail ;
- pommes de terre ;
- chapelure ;
- sauce tomate ;
- céréales ;
- bouillon de poulet ou de bœuf ;
- épices et herbes…

Lave-vaisselle

- Pour nettoyer les taches sur les assiettes et couverts et cernes des verres qui sortent du lave-vaisselle, on utilise un mélange composé de 4 litres d'eau chaude, de 250 ml (1 tasse) de vinaigre et de quelques gouttes de liquide vaisselle.

- Pour désodoriser le lave-vaisselle, le saupoudrer de bicarbonate de soude lorsqu'il n'est pas en service. Il se dissoudra durant le lavage suivant.

Micro-ondes (four à)

• Il ne faut jamais laisser un micro-ondes chauffer à vide; il risque de se détériorer. Y disposer, au minimum, un verre rempli d'eau qui absorbera les ondes.

• Les plats utilisés dans un four à micro-ondes sont à choisir évasés afin que leur contenu, lors du réchauffage, ne gicle pas sur les parois.

• Les plastiques, s'ils ne sont pas certifiés résistants aux ondes, sont à proscrire: ils fondent à température élevée.

• Les matériaux poreux, surtout avec des liquides, sont aussi à éviter, car ils captent la chaleur et l'on risque de se brûler les mains en les sortant.

• On peut réchauffer la plupart des préparations au four à micro-ondes sauf les pâtes (pain, pizza...) et les légumes (comme la tomate), trop riches en eau et qui ont besoin de mijoter.

Nettoyage du micro-ondes:

• Pour nettoyer les taches et les aliments collés sur les parois internes du micro-ondes, placer à l'intérieur un linge mouillé, et le faire tourner à la puissance maximum pendant 30 à 40 secondes. La vapeur qui se dégage du linge enlève les taches durcies. • On peut aussi utiliser le linge (devenu sec) pour essuyer parfaitement l'intérieur. Attention de ne pas se brûler.

- Pour nettoyer et désodoriser un four à micro-ondes, placer dans une tasse un mélange de vinaigre (1/4) et d'eau (3/4) ; faire chauffer 1 minute.

Réfrigérateur

- Il faut nettoyer son réfrigérateur 2 fois par mois avec de l'eau et du vinaigre, ou de l'eau tiède mélangée à du bicarbonate de soude (1 cuillerée à café pour 2 litres d'eau). Rincer, puis désinfecter à l'eau javellisée (1 cuillerée à café pour 1 litre d'eau). Rincer encore, et laisser sécher.

- Pour désodoriser un réfrigérateur, y placer pendant la nuit un bol de lait chaud aromatisé aux herbes de Provence. Le lendemain matin, les odeurs ont disparu.

Supermarché (achats au)

Lors de vos courses au supermarché, vérifiez les prix : souvent, les articles les plus chers sont ceux disposés au niveau du regard. Cherchez plus haut, ou plus bas, sur la gondole : vous pourrez trouver des produits similaires moins coûteux.

Nettoyage

Calcaire (dépôt de) : pour faire disparaître le calcaire dans les récipients, il suffit d'y faire bouillir des épluchures de pommes de terre.

Ustensiles et Appareils ménagers

• Pour éviter la formation de calcaire dans une bouilloire, on y dépose une coquille d'huître.

Bac plastique : lorsqu'un bac en plastique est taché de sauce tomate, il faut le frotter avec du papier essuie-tout imbibé d'huile végétale ; il reprendra sa couleur initiale.

Casserole à récurer : pour faire disparaître la croûte graisseuse qui se forme autour d'un bac à friture ou d'un poêlon, y verser du vinaigre et le faire bouillir pendant 10 à 15 minutes.

• Pour récurer une casserole où un mélange sucré a attaché, y verser de l'eau savonneuse additionnée de quelques gouttes de vinaigre.

• Pour récurer une casserole, y verser 3 cuillerées de gros sel et un fond d'eau bouillante. Au bout de quelques heures de détrempe, tout se décollera.

Casserole en aluminium : pour éviter qu'une casserole en aluminium ne noircisse après quelques utilisations, il faut, la première fois, y faire bouillir du lait.

• La cuisson des légumes, dans une casserole en aluminium, la fait noircir ; on lui rendra sa blancheur en mettant 2 rondelles de citron dans l'eau de cuisson.

• Pour faire briller une casserole en aluminium, il faut légèrement la chauffer, avant de la frotter avec une éponge savonneuse. On peut encore la frotter après avoir mélangé quelques gouttes d'alcool à brûler à de l'huile.

• Pour nettoyer une casserole d'aluminium encrassée, y faire cuire de la rhubarbe ou de l'oseille.

Casserole en cuivre : mettre 40 g de blanc d'Espagne (craie épurée en poudre) dans un bol, verser dessus du vinaigre, 25 cl d'eau chaude et 20 g de cristaux de soude. Laisser reposer le tout jusqu'à ce que les cristaux aient fondu. Frotter avec un chiffon imbibé de cette composition le récipient en cuivre jusqu'à ce qu'il devienne très clair ; on essuie ensuite avec un chiffon sec, puis à la peau de chamois.

• Pour nettoyer l'intérieur d'une casserole en cuivre, on y fait bouillir du vinaigre fortement salé.

Casserole en étain : prendre du blanc d'Espagne avec un peu d'eau ou d'huile d'olive, frotter la casserole, puis l'essuyer avec un chiffon sec.

Cocotte en fonte : pour nettoyer une cocotte en fonte, la frotter avec un oignon coupé en 2. • On peut aussi la nettoyer avec de la poudre de brique, que l'on aura confectionnée soi-même en pulvérisant un morceau de brique. On frotte avec un bouchon ou un morceau de bois.

• Pour que la fonte ne donne pas un mauvais goût aux aliments, il faut, la première fois qu'on l'utilise, y faire bouillir du lait avec des pommes de terre.

Ustensiles et Appareils ménagers

Plat à gratin : afin d'éviter un long récurage de votre plat à gratin, n'oubliez pas, chaque fois avant de l'utiliser, de frotter son fond et ses parois avec du beurre ou de la margarine.

Plat en terre : pour désodoriser un plat en terre, il suffit d'y faire bouillir du marc de café.

Murs graisseux : dans une cuisine, notamment derrière la cuisinière, les murs peuvent avoir des traces de graisse. Pour les enlever, enduisez-les d'une pâte composée pour moitié de bicarbonate de soude et pour moitié d'eau. Laissez agir pendant une heure et rincez.

• Lors du lessivage des murs, placer au milieu de la pièce un récipient rempli d'eau bouillante, et maintenir portes et fenêtres fermées. En se condensant sur les murs, la buée permettra de les nettoyer plus facilement.

• En ce qui concerne plus particulièrement le lessivage de la cuisine, ajouter du gros sel dans l'eau savonneuse, les graisses et les fumées se décolleront mieux. Une fois les peintures lavées et sèches, passez sur leur surface, à l'aide d'une grosse éponge, de l'eau légèrement amidonnée. Le lavage suivant s'en trouvera facilité.

• Pour garder le dessus des meubles de cuisine propres, disposer du papier ciré que l'on change lorsqu'il est devenu graisseux ou poussiéreux.

Trucs et conseils à l'ancienne

Ustensiles de cuisine : pour nettoyer de façon écologique (et ancestrale) les ustensiles de cuisine, on peut les frotter avec des feuilles de figuier.

• On nettoie tout, ou presque, avec un chiffon imprégné de marc de café ; on rince ensuite.

• *L'émail* retrouve son éclat si on le frotte avec un chiffon imbibé de jus de citron.

Odeurs

• Faire bouillir du vinaigre quelques minutes détruit les mauvaises odeurs de la cuisine.

• On peut aussi disposer une assiette remplie d'argile concassée.

Poubelle

• Pour éloigner les chiens et les chats de votre poubelle laissée à l'extérieur de la maison, arrosez-en de vinaigre le tour et le couvercle.

• Mettez une couche de cire (celle utilisée pour votre plancher) à l'intérieur du couvercle de votre poubelle, et les déchets n'y adhéreront pas.

Viandes
& Charcuteries

Le marchand de pâtés

Agneau

• Pour absorber la graisse des côtes d'agneau lors de leur cuisson, les poser dans une poêle chaude dont le fond est recouvert de gros sel ; racler ce sel, avant de servir.

• Pour un gigot d'agneau, le choisir plutôt rond que long, et n'excédant pas 2,5 kg.

• Plutôt que de piquer le gigot avec de l'ail, il est préférable de disposer autour du gigot, en fin de cuisson, des gousses d'ail non épluchées écrasées à la fourchette. On peut aussi glisser les gousses entre l'os et la chair du gigot, sans entailler la viande. Cela évite de désagréables surprises à ceux qui, croyant mâcher de la viande, croquent une gousse.

• Pour récupérer un gigot cuit de la veille, le plonger dans l'eau 5 minutes, l'envelopper dans un papier beurré et le mettre à la broche 10 minutes, le temps de le réchauffer. Il sera redevenu moelleux.

Brochettes

Pour éviter, lorsqu'on les embroche, que champignons et oignons, entre autres, se déchirent, il faut d'abord les plonger dans de l'eau bouillante.

Cuisson

Pour savoir si une viande est cuite à point, appuyer fortement le doigt sur la noix des viandes et, pour les volailles et gibiers, sur le gros de la cuisse. Si la viande est cuite, elle doit fléchir sous le doigt sans opposer aucune résistance.

Escalopes panées

Pour réussir des escalopes panées (tendres à l'intérieur, croustillantes à l'extérieur), il faut les passer 3 fois de suite dans l'œuf battu et dans la chapelure.

Farce

Les farces doivent être faites avec des viandes de la plus grande fraîcheur. Pour les rendre délicates et légères, y ajouter du blanc d'œuf fouetté.

Foie

• Lorsqu'on poêle une tranche de foie, il faut faire de petites entailles sur les bords de la tranche afin qu'elle ne se racornisse pas lors de la cuisson.

• Pour que le foie de veau soit plus moelleux, trempez-le dans du lait et farinez-le légèrement avant de le poêler.

Foie gras

• Pour découper du foie gras cuit, il faut utiliser une lame de couteau préalablement trempée dans de l'eau chaude.

• Pour dénerver le foie gras cru, enlever la pellicule de peau qui l'entoure, et éventuellement la partie verdâtre touchée par le fiel. Séparer les deux lobes à la main puis ouvrir chaque lobe en deux. Dégagez le vaisseau sanguin qui se trouve à la base du lobe et tirez-le pour faire venir les autres ramifications. Enlevez les points de sang et les parties tachées de vert. Laver le foie et l'essuyer (pour le travailler plus facilement, le sortir du réfrigérateur une demi-heure avant).

Marinade de gibier

Il ne faut pas saler une marinade, car la viande qu'elle recouvre durcirait, et perdrait son sang. C'est lors de la cuisson qu'il faut saler.

Pot-au-feu

• Pour que le bouillon du pot-au-feu prenne une belle couleur ambrée, lui ajouter quelques pelures d'oignon en début de cuisson. On peut aussi, pour obtenir cette couleur, lui ajouter des rondelles de carottes grillées au four.

• Ne pas ajouter d'eau froide dans un pot-au-feu pour allonger le bouillon : l'eau froide fait durcir la viande ! Faites chauffer préalablement le liquide à rajouter.

Viandes et Charcuteries

- Lorsque vous faites un pot-au-feu, piquez des clous de girofle dans la moelle des os ; ainsi la moelle ne fondra pas dans le bouillon.
- Autre moyen de garder la moelle dans son os, frotter des grains de gros sel aux extrémités, ou les boucher avec des rondelles de carotte.
- Le pot-au-feu sera moins gras si on met dans le bouillon, dès le début de la cuisson, une pomme non épluchée qui absorbera l'excès de graisse et que l'on jettera en fin de cuisson.

Rôti

Pour éviter qu'un *rôti de veau ou de porc* ne réduise trop à la cuisson, il faut au préalable le plonger dans une grande casserole d'eau salée et poivrée portée à ébullition. On retire le rôti à la seconde ébullition, on le sèche et on le fait alors rôtir.

- Pour attendrir un *rosbif*, on l'entoure de feuilles d'oseille.

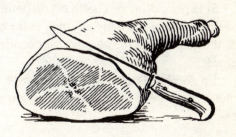

Sang pour civet

Pour empêcher le sang destiné à un civet de coaguler, on y ajoute un filet de vinaigre.

Saucisses éclatées

• Pour empêcher les saucisses d'éclater durant leur cuisson, il faut les faire tremper une minute dans l'eau bouillante avant de les mettre à cuire.

• Au barbecue, l'usage est de piquer les saucisses pour les empêcher d'éclater ; mais la graisse qui s'échappe des trous s'enflamme. Trempez-les dans l'eau froide avant de les déposer sur le grill.

Saucisson

• Lorsqu'un saucisson est entamé, on beurre légèrement l'entame avant de l'envelopper dans un papier d'aluminium.

• Autre méthode, on applique sur l'entame une rondelle de citron.

• Si la peau d'un saucisson est difficile à enlever, rouler le saucisson dans un linge humide, et l'y laisser un quart d'heure ; sa peau se décollera plus facilement.

• En société, la charcuterie se mange avec la fourchette ; on enlève la peau du saucisson avec un couteau.

Viandes et Charcuteries

Sauté

Les viandes sautées ne doivent jamais bouillir, car l'ébullition les rend dures. Il faut prendre soin de remuer et de retourner constamment les morceaux pour qu'ils bénéficient d'une cuisson égale.

Terrine

Quand une terrine a refroidi après cuisson, la couvrir entièrement de graisse de volaille ou de saindoux. Les terrines et les pâtés ne doivent être mangés au plus tôt que 24 heures après leur cuisson.

Veau

• Pour donner du moelleux à un sauté de veau, ajouter, pendant la cuisson, 1/2 verre de bière.
• Pour rehausser le goût de la blanquette, en arroser les morceaux d'un peu de jus de citron avant de les faire revenir.

Volaille

• Lors de l'achat d'une volaille, il vaut mieux acheter la plus grosse. La carcasse, quel que soit le volume de la volaille, a un poids à peu près identique ; le surplus de poids correspond donc à un surplus de viande.

Trucs et conseils à l'ancienne

- Pour obtenir un poulet rôti à la peau bien dorée et croustillante, badigeonnez la peau de beurre puis saupoudrez-la de farine avant de le mettre au four.

- Votre poulet sera plus savoureux si, après l'avoir fait rôtir, vous le laissez refroidir un peu avant de le découper.

- En guise de farce, lorsqu'on fait cuire une volaille, on place à l'intérieur deux petits suisses qui rendront la chair plus moelleuse. Attention : une fois la volaille cuite, contrairement à la farce, on ne consomme pas ces petits suisses.

- Pour obtenir une saveur plus exotique, on peut aussi introduire, à l'intérieur de la volaille, la moitié d'une orange ou d'un citron, ainsi que quelques feuilles de sauge.

Composition de la farce : 2 œufs durs hachés et mélangés à de la mie de pain trempée dans du lait, et les herbes de votre choix.

Farcissez la volaille la veille, pour que le parfum de la farce imprègne la viande.

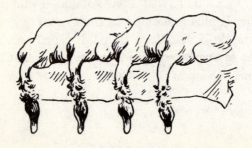

Poissons
& Crustacés

La marchande de poissons

Alose

L'alose contient beaucoup d'arêtes, ce qui nuit à la dégustation de sa chair. Pour pallier cet inconvénient, il faut farcir l'alose avec de l'oseille et le faire cuire lentement, à feu doux. L'acidité de l'oseille fait fondre les arêtes.

Anchois

Pour dessaler les anchois, on les rince à l'eau fraîche et on les laisse tremper 10 minutes dans du vinaigre de vin.

Beurre d'anchois: pour confectionner un beurre d'anchois, utiliser des anchois naturels et non des anchois à l'huile.

Caviar

Le caviar se sert glacé sur de la glace pilée ; il peut être accompagné de vodka glacée. Il se mange à la cuillère ou à la fourchette ou sur un petit morceau de pain.

Coquillages

Pour nettoyer les coquillages, plongez-les dans de l'eau très salée (comme leur milieu naturel) quelques minutes ; ils s'ouvriront et le reste du sable qu'ils contiennent sortira.

Crevettes

Pour rehausser le goût (souvent fade) des crevettes décortiquées vendues dans le commerce, on peut les faire mariner 10 minutes dans du vin cuit, du porto, du Banyuls ou du vin de Xérès.

Écrevisses

À table, on détache la tête de la queue des écrevisses avec les mains.

Escargots

• Le bon moment pour déguster des escargots frais est d'octobre à avril ; après cette période, ils sont amers. • Les escargots se dégustent avec une pince et une pique spéciale ; évitez de les faire rouler.

Harengs

• Pour dessaler des harengs, il faut les tremper dans du lait cru, ce qui les rendra plus moelleux.

• Pour les harengs pommes à l'huile, utiliser de l'huile de pépins de raisin : elle a l'avantage de ne pas figer dans un réfrigérateur.

Huîtres

• Pour ouvrir facilement des huîtres, les passer 2 minutes à la vapeur ; elles s'entrouvriront légèrement, ce qui permet de passer le couteau entre les deux valves plus facilement.

• On peut aussi, avant de les ouvrir, les plonger quelques secondes dans de l'eau vinaigrée.

• À table, on n'aspire pas l'huître ; on utilise sa fourchette à huître pour la détacher de sa coquille et porter la chair à sa bouche.

Laitances

Les laitances et œufs des brochets, barbeaux et perches ne se consomment pas, ils peuvent occasionner des vomissements et purgent fortement.

Morue

• Lorsqu'on fait une *brandade*, il faut bien broyer la morue en la travaillant constamment avec l'huile qu'on ajoute successivement. On doit éviter d'employer des morues vieilles de salaison, avec lesquelles on n'obtiendra jamais une pâte lisse, qualité essentielle de la brandade.

• La morue doit avoir la chair blanche et la peau noire. Il faut la laisser dessaler au moins un jour entier dans l'eau en ayant soin de changer au moins 2 fois d'eau.

• Pour obtenir une morue blanche, il faut la faire pocher dans du lait plutôt que dans de l'eau.

Moule

Lorsqu'on mange des moules, en société, on sépare les moules de leur coquille avec une cuillère et une fourchette, et non pas en utilisant une coquille vide comme une pince (bien que cette méthode soit plus pratique).

Oursins

Les oursins se mangent à la petite cuillère.

Poissons

• Avant de fariner le poisson à frire, il faut le tremper dans du lait. Il n'en sera que plus doré et plus croustillant. On peut aussi le tremper dans la bière, avant de le fariner, pour un résultat identique.

• Le poisson frais doit être ferme, raide, d'aspect brillant. Ses yeux doivent être brillants, ses nageoires en parfait état. Le ventre ne doit pas présenter de taches douteuses et ses branchies doivent être rouges et humides. Les ouïes doivent être rouge clair ou grises à bord rosé, et non pas rouge trop foncé (autrefois, les marchands de poissons coloraient les ouïes avec du sang de mouton pour faire croire à leur fraîcheur).

• Le poisson frais ne doit pas sentir l'ammoniaque (à l'exception de la raie). Les poissons plats (turbot, barbue, raie, sole…) sont frais s'ils sont recouverts de mucus.

• Le poisson ne se conserve pas plus de 2 jours en haut du réfrigérateur. Il faut, avant de le conserver, l'essuyer plutôt que de le laver.

• Pour conserver du poisson si le réfrigérateur est en panne, tremper un torchon dans 1/2 litre de vinaigre (dans lequel on aura fait fondre 2 morceaux de sucre); saupoudrer ce torchon de gros sel, et y envelopper le poisson. Le poisson y restera frais 2 jours environ.

• Pour écailler efficacement du poisson, le tremper quelques secondes dans de l'eau bouillante : les écailles se décolleront de la peau facilement. On écaille le poisson avec un couteau en veillant à ne pas attaquer la peau. Lorsqu'on veut enlever la peau du poisson, il faut passer la pointe du couteau sous la peau pour la détacher, soit du côté de la tête, soit du côté de la queue. Puis on rabat la peau et l'on tire en la tenant avec un torchon pour qu'elle ne glisse pas des doigts.

• Les petits poissons ont de très petits boyaux qui s'enlèvent par l'ouverture des ouïes. Pour d'autres, il faut faire une entaille sur le ventre afin de pouvoir nettoyer l'intérieur. On retire complètement les ouïes, mais on laisse les œufs ou la laitance, qui sont appréciés par les amateurs.

Poissons et Crustacés

Poisson au court-bouillon : pour éviter que de la chair du poisson se détache au cours de la cuisson, il suffit d'enserrer le poisson dans une feuille d'aluminium, tout en laissant une ouverture à la tête et à la queue, afin que les saveurs du court-bouillon pénètrent dans la chair sans la distendre.

• Le poisson sera plus moelleux si vous le faites pocher dans du lait plutôt que du court-bouillon.

• L'eau du court-bouillon doit être frémissante, jamais bouillante ; laissez-y le poisson tiédir, après sa cuisson. Enlevez-lui sa peau avant qu'il ne soit froid.

• Pour lever facilement des filets de poisson, tremper régulièrement, au fur et à mesure de l'opération, la lame du couteau dans du sel.

• À table, enlevez les arêtes délicatement avant de déguster le poisson. S'il est servi entier, séparez-le en deux à l'aide du couteau et retirez l'arête dorsale.

• Pour faire disparaître l'odeur du poisson dans une poêle, la frotter avec des feuilles de thé ou y faire bouillir du thé.

Poissons d'eau courante

Les poissons d'eau courante ont meilleur goût que ceux des étangs, qui sentent presque toujours la vase. Cependant les poissons de rivière ont quand même une chair assez fade et ils demandent un assaisonnement un peu relevé.

Sardines

Pour mieux digérer des sardines en boite, il faut enlever leur peau.

Saumon

Le saumon fumé doit être de couleur uniforme, sans tâches brunes ni bordure foncée. Des goutelettes d'eau à la surface du saumon sont le signe d'une mauvaise conservation.

Légumes
& Féculents

La marchande de salades

Artichauts

• Un artichaut est frais si ses feuilles cassent net quand on les plie.

• L'artichaut surnage dans l'eau, ce qui empêche une cuisson uniforme (sauf à la cocotte-minute). Pour l'éviter, recouvrir le récipient de cuisson d'un linge qui retient la vapeur dès qu'il s'humidifie.

• Pour conserver plusieurs jours des artichauts, les garder la tête en haut et la queue trempant dans de l'eau, comme des fleurs.

• Attention, un artichaut cuit ne se conserve pas plus d'un jour ; il doit être consommé rapidement car il s'oxyde.

• Pour éviter que les fonds d'artichauts noircissent, il suffit d'ajouter de l'huile d'olive et du jus de citron à l'eau de cuisson.

• Pour enlever son amertume à l'artichaut, mettre un sucre dans son eau de cuisson.

• Un artichaut est cuit lorsqu'on parvient (avec une pince, si l'on ne veut pas se brûler) à retirer facilement une feuille en son centre.

• L'artichaut se mange avec les doigts, en l'effeuillant au fur et à mesure. On mange le cœur avec le couteau et la fourchette, une fois que l'on a retiré délicatement le foin.

Légumes et Féculents

Asperges

• Les asperges blanches et les asperges violettes se préparent en coupant la queue dure et fibreuse, et en épluchant le reste ; pour les asperges vertes, un brossage rapide sous l'eau courante suffit.

• Pour les cuire, les envelopper dans un linge, la tête en haut et les plonger dans l'eau bouillante. Dès que l'asperge est cuite, ce dont on s'assure en la pressant légèrement entre les doigts et en constatant qu'elle commence à fléchir, on doit la retirer aussitôt pour éviter qu'elle ne pompe l'eau de cuisson et ne devienne molle.

• Il est conseillé de les égoutter à plat. Pour les servir, les présenter sur un linge replié afin que le tissu absorbe l'eau qui les imbibe.

• En famille, les asperges peuvent se manger à la main. En société, il faut en séparer la pointe avec la fourchette et ne pas manger le reste.

Aubergines

Une bonne aubergine a la peau fine, violette, et elle reste ferme sous la pression du doigt. Il faut la manger bien mûre, sinon sa chair est âcre. La meilleure période est de juillet à octobre.

• Avant cuisson, on fait rendre leur eau aux rondelles d'aubergine en les salant et en les laissant reposer deux heures. Rincer ensuite.

Trucs et conseils à l'ancienne

• Pour qu'elles n'absorbent pas trop l'huile dans laquelle on les fait revenir, passer les rondelles (ou les dés) d'aubergine dans de la farine. On peut aussi passer les tranches dans du blanc d'œuf.

Avocat

• Pour empêcher un avocat de noircir, il faut presser sur sa chair quelques gouttes de citron.

• Pour faire mûrir un avocat, il faut le mettre 24 heures dans un sac avec une banane. Ce délai passé, il sera parvenu à maturité.

Betterave

• Pour éplucher sans difficulté une betterave, il faut, dès qu'elle est tirée de l'eau bouillante, la plonger dans de l'eau froide.

• Pour garder les betteraves cuites et conserver leur couleur rouge, il faut les recouvrir de vinaigre de vin.

Biscottes

• Pour éviter que les biscottes ne s'effritent lorsqu'on les tartine, il faut les tartiner par groupe de trois : la biscotte supérieure ayant été beurrée, la glisser dessous… et agir de même avec la seconde et la troisième. • Autre méthode : placer la biscotte à tartiner sur une serviette pliée en 4.

Légumes et Féculents

Carottes

Pour rehausser la saveur des carottes cuites à l'eau, ajouter à l'eau de cuisson une petite cuillerée à café de bicarbonate de soude ou un verre d'eau de Vichy.

Champignons

• Les champignons à lamelles (sous le chapeau) peuvent être impropres à la consommation. Au moindre doute, ne prenez aucun risque, consultez votre pharmacien.

• Pour conserver les champignons et les savourer dans vos sauces pendant l'hiver, faites-les sécher sur un fil, ou étalés sur du papier journal exposés au soleil, puis placez-les dans un bocal dans un endroit sec et frais.

• Pour congeler des champignons, les faire blanchir 10 minutes dans de l'eau bouillante salée puis les laisser s'égoutter une journée.

• Afin d'éviter que les champignons de Paris ne rendent trop d'eau lors de leur cuisson, placez-les préalablement quelques minutes dans un four tiède.

• Pour obtenir des champignons moelleux, il faut les faire cuire quelques minutes dans du lait auquel on a ajouté quelques gouttes de jus de citron.

• Peler les champignons, si nécessaire, le plus tard possible : leur arôme est dans leur peau.

Trucs et conseils à l'ancienne

- Si on attend trop pour utiliser des préparations dans lesquelles sont inclus des champignons, ceux-ci noircissent et perdent leur goût. Le champignon qui reste trop longtemps dans l'eau perd à la fois son goût et sa tenue.
- Pour éliminer les vers des champignons fraîchement cueillis, couper les pieds des plus gros, et disposer la récolte sur une planche que l'on enrobera d'un film transparent de façon à ce que l'ensemble soit étanche. Au bout de quelques heures, les vers, manquant d'oxygène, auront quitté les champignons pour se coller sur le film.

Chapelure

- Pour faire de la chapelure avec du pain rassis ou des biscottes sans mettre des miettes partout, si l'on ne dispose pas d'un robot broyeur, il suffit de les écraser dans un sac en plastique.
- On peut remplacer la chapelure par de la semoule crue. Le résultat, lorsque le gratin sera cuit, sera identique.

Chips

Pour réussir des chips, il faut les laisser tremper pendant 1 heure dans l'eau froide, puis les égoutter jusqu'à ce qu'elles soient sèches ; seulement après, les jeter dans l'huile très chaude.

Légumes et Féculents

Chou

• Pour atténuer le goût du chou, ajouter 1 morceau de pain rassis et quelques gouttes de jus de citron à l'eau de cuisson.

• Un bon chou doit être lourd et laisser apparaître, à la fracture, une goutte de sève lorsqu'on en casse une feuille.

• Si on consomme le chou cru, il faut auparavant le laisser macérer dans de la sauce pendant 3 heures, afin qu'il s'attendrisse.

Chou-fleur

• Un bon chou-fleur doit être bien blanc, bien ferme. Pour le cuire, il faut l'immerger complètement dans l'eau, sinon il noircira. Il est cuit lorsqu'il fléchit sous le doigt. On l'égoutte la tête en bas, la queue en haut.

• Contre l'odeur, peu agréable et tenace, du chou-fleur, et pour diminuer son goût âcre, il suffit d'ajouter, dans son eau de cuisson, un morceau de pain sec. • Ou bien un bouchon de liège en bon état, propre (ne pas utiliser le bouchon d'une bouteille d'un vin de garde encore imprégné de vin). • Ou encore un peu de sucre et du jus de citron.

• Lorsque le chou-fleur est cuit, on le laisse pendant 1/4 d'heure dans la même eau, hors du feu. On peut ensuite l'égoutter sans qu'il s'émiette.

• Pour que le chou-fleur reste parfaitement blanc lors de sa cuisson, il faut le placer la tête en bas, et rajouter 1 cuillerée à soupe de farine à l'eau de cuisson.

Concombre

Pour lui enlever son acidité, faites-le dégorger dans du lait sucré.

Courgette

• Pour garder les vitamines de la courgette, ne l'épluchez dans sa longueur que 1 fois sur 2, après l'avoir bien rincée. Cet épluchage lui gardera ses qualités nutritives, et lui donnera, par ses rayures longitudinales, une présentation originale.

• Dans certaines recettes (comme les gratins), l'eau contenue dans la courgette pose problème car elle ne s'évapore pas et affadit le plat en le gorgeant d'eau. Afin de l'éviter, il faut rincer les courgettes avant de les éplucher et ôter, avec une cuillère, la partie granuleuse qui se trouve en leur centre.

• Avant de confectionner un gratin, on peut aussi faire dégorger les courgettes. On les coupe en rondelles dans un saladier, on les parsème de sel et on place au réfrigérateur 1 heure environ. Sortir les rondelles, les rincer pour qu'elles ne soient pas trop salées, et les égoutter.

Légumes et Féculents

• À l'inverse, il est nécessaire de mettre de la courgette dans la ratatouille, ou dans des préparations qui mijotent longtemps, car l'eau qu'elle rend contribue au mélange des aliments et les empêche de brûler. On fait réduire de cette eau, s'il y en a trop, en laissant la préparation mijoter plus longtemps.

Cresson

• Le cresson se garde frais si on le met en vase, les queues trempant dans l'eau. • On prépare le cresson en le lavant bien, en le secouant dans un torchon, puis en le saupoudrant d'un peu de sel blanc et en arrosant de quelques gouttes de vinaigre. On mange le cresson en salade ou en garniture.

Endive

• Quand on lave les endives, il ne faut pas les laisser séjourner dans l'eau, car cela renforce leur amertume.

• Pour ôter l'amertume des endives cuites, il faut découper, à leur base, le cône central, les faire blanchir dans un mélange (à quantité égale) d'eau et de lait, et mettre 1 morceau de pain rassis dans l'eau de cuisson. • On peut aussi ajouter 1 verre de lait à l'eau de cuisson ou quelques fleurs de camomille.

• On agrémente une salade d'endives avec des raisins secs gonflés dans du vinaigre tiède.

 *Trucs et conseils à l'ancienne*

Frisée aux lardons

Pour rehausser le goût d'une frisée aux lardons, il faut rajouter un filet de vinaigre dans la poêle à la fin de la cuisson des lardons.

Frites

• Si vos frites sont molles dans votre assiette, c'est que l'huile dans laquelle elles ont été plongées n'était pas assez chaude.

• Pour obtenir des frites dorées et croustillantes, trempez les pommes de terre crues dans de l'eau bouillante quelques secondes et essuyez-les bien ensuite. Faites les cuire dans l'huile et relevez le panier lorsqu'elles commencent à dorer. Replongez-les ensuite dans la friture chaude juste avant de les servir.

• Pour donner meilleur goût aux frites, il est conseillé de jeter dans la friture, avec elles, 3 gousses d'ail non épluchées, mais percées avec la pointe d'un couteau.

• Pour obtenir des frites légères, il faut enlever l'amidon des pommes de terre ; une fois découpées, faire tremper les frites dans de l'eau vinaigrée ; remuer et bien essuyer, afin que des gouttes d'eau n'éclatent pas dans la friture chaude.

Légumes et Féculents

Haricots secs

• Pour mieux digérer des haricots secs, il faut changer leur eau de cuisson après les avoir fait bouillir quelques minutes, et ajouter dans la nouvelle eau de cuisson 3 cuillerées à soupe d'huile.

• Pour que les haricots blancs ne soient pas durs même après avoir été cuits, il faut ajouter à l'eau de trempage et à l'eau de cuisson une pincée de bicarbonate de soude.

Haricots verts

• Pour enlever facilement les fils des haricots verts, il faut au préalable les plonger 2 minutes dans de l'eau bouillante. • Pour qu'ils gardent leur couleur, il faut saler l'eau de cuisson et ne pas couvrir la casserole pendant cette cuisson à grande eau.

Légumes secs

• Pour les conserver à l'abri des charançons, il faut enfermer les légumes secs dans des bocaux avec des feuilles de laurier.

• Lorsqu'on fait cuire des légumes secs, on évite l'écume qui se forme sur l'eau de cuisson en y versant une cuillerée à soupe d'huile.

Légumes verts

• Pour qu'ils conservent leur couleur verte, faire cuire les légumes puis les tremper aussitôt dans un récipient plein d'eau glacée (le froid conserve la chlorophylle).

• Pour qu'ils conservent leur couleur verte, ajouter du sel à l'eau de cuisson des légumes, et ne couvrez pas la casserole si elle contient des haricots ou des épinards.

• On peut aussi, pour conserver la couleur, mettre, dans l'eau de cuisson, 1 pincée de bicarbonate de soude par litre d'eau.

• Pour conserver leur fraîcheur aux légumes verts, il faut les serrer dans du papier journal qui fait office d'isolant.

• On s'assure de la cuisson des légumes en les pressant légèrement entre les doigts et en constatant qu'ils commencent à fléchir. Il faut les retirer aussitôt, surtout si on les aime croquants, pour éviter qu'ils ne pompent l'eau. Les légumes que l'on fait cuire au-delà du temps voulu deviennent mous.

Légumes (au réfrigérateur)

Dans le bien nommé bac à légumes du réfrigérateur, les légumes n'ont pas tous une conservation identique. Voici la durée moyenne pour les plus courants d'entre eux :

Légumes et Féculents

Artichauts   3 à 4 jours.
Aubergines   1 à 2 semaines.
Champignons   1 à 2 jours.
Choux de Bruxelles   4 à 5 semaines.
Choux-fleurs   4 à 5 jours.
Choux rouges   2 à 3 semaines.
Concombres   1 à 2 semaines.
Courgettes   1 à 2 semaines.
Endives   4 à 5 semaines (à consommer cuites, pas crues en salade).
Épinards   À cuire immédiatement, si l'on veut garder leurs vitamines.
Haricots frais   4 à 5 semaines.
Navets   5 à 8 jours.
Poivrons   2 à 3 semaines.
Salades   2 à 3 jours.
Tomates   5 à 8 jours (mais elles perdront beaucoup de leur saveur).

Lentilles

Les lentilles sont meilleures si l'on ajoute à leur eau de cuisson un filet de vinaigre et 2 morceaux de sucre.

Mâche

Si la mâche commence à flétrir, la plonger dans de l'eau froide vinaigrée. N'assaisonner la mâche qu'au dernier moment pour éviter qu'elle se fane au contact de la sauce.

Marrons / Châtaigne

• On appelle *marron*, ou *châtaigne*, le fruit comestible du châtaignier (à ne pas confondre avec le marron, fruit non comestible du marronnier d'Inde). Comment distinguer un marron d'une châtaigne ? Le marron a la forme d'un cœur, la châtaigne est presque plate sur une face et est, sous sa peau, cloisonnée en plusieurs parties.

• Avant de garder pour l'hiver marrons ou châtaignes, on les verse dans de l'eau froide. Les bons fruits sont ceux qui vont au fond de la cuvette. Les mauvais flottent ; il faut s'en débarrasser (idem pour les *noix*).

• Pour éplucher des marrons ou des châtaignes, il faut inciser l'écorce, puis les plonger quelques minutes dans l'eau bouillante. L'écorce s'enlèvera facilement tant qu'ils resteront chauds.

• Autre méthode pour éplucher facilement une châtaigne : la conserver dans un endroit frais, la plonger, avant épluchage, dans de l'eau bouillante, puis aussitôt après dans de l'eau glacée.

Légumes et Féculents

Melon

Un bon melon est lourd (à taille égale, toujours prendre le plus lourd), souple, sans taches, avec un arôme prononcé. Quand sa queue se casse ou se décolle, il est mûr à souhait. On le mange soit comme hors-d'œuvre soit comme dessert.

Navets

• Il ne faut jamais éplucher et couper des navets à l'avance : ils s'oxydent et deviennent indigestes, pouvant même provoquer des troubles digestifs. • Si l'on veut consommer des navets moelleux, il ne faut pas couvrir la casserole dans laquelle ils cuisent.

Pain

• Le pain enfermé dans un sac (ou un bac) plastique se dessèche moins vite, donc durcit moins mais, humidité oblige, devient caoutchouteux et perd de sa saveur.

• On conservera sa fraîcheur au pain un jour supplémentaire en l'enroulant dans un torchon ou en le plaçant dans une boîte à pain. Lorsque le pain est trop rassis ou trop mou, il reste, pour ne pas le jeter, la solution du grille-pain. • Le pain se conserve au congélateur, si on le consomme dans les 24 heures.

Trucs et conseils à l'ancienne

- Pour rendre sa fraîcheur à un pain sec, l'humidifier avec un vaporisateur et le mettre au four chaud ou le passer au four à micro-ondes une vingtaine de secondes.
- Le pain frais est difficile à trancher ; pour faire de belles tranches sans briser la croûte et écraser la mie, il faut tremper le couteau dans de l'eau bouillante, l'essuyer rapidement et couper la tranche pendant que la lame est encore brûlante ; recommencer autant de fois qu'il y a de tranches.
- Le pain, dans la tradition occidentale, a toujours eu une grande importance symbolique ; il a, jusqu'au XIXe siècle, été à la base de l'alimentation. À table, pour les grands dîners, un petit pain est glissé sous la serviette pliée en pointe. Dans les repas plus intimes, le morceau de pain est placé sous la serviette, à gauche de l'assiette. • En mangeant, on ne coupe pas son pain au couteau, on le rompt en petits morceaux et toujours avec les deux mains.

Pâtes

- Pour empêcher les pâtes de coller, ajouter 1 cuillerée d'huile d'olive dans l'eau de cuisson.
- Pour arrêter la cuisson des pâtes, versez 1 verre d'eau froide dans la casserole.
- Pour raffermir des pâtes trop cuites, rincez-les abondamment à l'eau froide.

- À table, les pâtes se mangent avec la fourchette et, éventuellement à l'aide d'une grosse cuillère (spaghettis notamment).

Poivrons

- Les poivrons sont plus digestes si on les plonge 5 minutes dans de l'eau salée bouillante avant de les incorporer à une salade.
- Pour peler les poivrons, les mettre au grill jusqu'à ce qu'ils brunissent, puis les laisser refroidir enveloppés dans un torchon humide. Il sera alors facile d'ôter la fine pellicule qui les recouvre et les rend difficiles à mâcher.

Pommes de terre

- Pour empêcher l'eau de déborder lors de la cuisson des pommes de terre, il faut mettre dans l'eau 1 cuillerée à thé de beurre ou de margarine.
- Pour empêcher les pommes de terre d'éclater, il faut saler l'eau de cuisson.
- Pour rendre une nouvelle jeunesse à de vieilles pommes de terre ratatinées, les faire cuire dans un mélange d'eau et de vinaigre (1/4 de litre de vinaigre pour 1 litre d'eau).
- Lorsqu'on fait des pommes de terre au four, il faut les badigeonner au préalable d'huile pour les empêcher de rider.

- Pour faire cuire plus vite des pommes de terre en robe des champs, il faut les percer, dans le sens de la longueur, avec une aiguille à tricoter.
- Pour une meilleure saveur, il faut assaisonner les pommes de terre alors qu'elles sont encore tièdes.

Pommes de terre nouvelles : inutile de les éplucher. Après lavage, les rouler dans un torchon avec du gros sel, qui pompera une partie de leur humidité et les assaisonnera. Puis les faire sauter.

Pommes de terre en salade : ajouter 1 cuillerée à soupe de vinaigre à leur eau de cuisson pour qu'elles restent blanches. Versez sur les pommes de terre, une fois cuites (et épluchées) 1 verre de vin blanc bouillant pour les rendre moelleuses.

- À table, il est de bon ton de ne pas couper les pommes de terre avec un couteau ; si elles sont bien cuites, un coup de fourchette devrait suffire.

Purée de pommes de terre

Pour réussir une purée de pommes de terre, il faut, lorsqu'on l'ajoute, que le lait soit chaud.

Potiron

Pour qu'un potiron soit bon, il faut que sa chair soit jaune et sa croûte verdâtre ou très jaune, selon les espèces.

Légumes et Féculents

Quenelles

Pour que les quenelles (de poisson, pommes de terre, semoule, etc.) tiennent à la cuisson, il faut les congeler au préalable puis les poêler dès la sortie du congélateur.

Radis

Les bons radis sont fermes et croquants, et leurs fanes sont d'un vert plein. Si les radis sont mous et les fanes fanées, on les ranime en les faisant tremper dans de l'eau fraîche vinaigrée.

Riz

• Pour que le riz ne colle pas, ajoutez dans l'eau de cuisson, 1 noisette de beurre ou un peu d'huile, et ne dépassez pas le temps de cuisson. Malgré cela, s'il colle encore, rincez-le abondamment, puis faites-le réchauffer avec un peu de matière grasse.

• Ne jeter le riz dans la casserole que lorsque l'eau est bouillante.

• Pour avoir du riz blanc après sa cuisson, ajouter du citron ou du vinaigre dans l'eau de cuisson.

• Pour rattraper un riz trop cuit, le rincer abondamment et bien l'égoutter. Puis le laisser pendant 1/2 heure dans un four très chaud qu'on vient d'éteindre. Le riz perdra une partie de son humidité.

Salade

• Pour récupérer une salade fanée, passez-la dans de l'eau tiède, puis rincez-la à l'eau froide. Essorez en la secouant dans un linge. Enfin, placez-la pendant 1/2 heure au réfrigérateur et apprêtez-la comme une salade fraîche.

• Ceux qui n'apprécient pas l'amertume de certaines salades peuvent les assaisonner avec une sauce faite de miel et de yaourt.

• Pour éliminer les moucherons, petites limaces et autres insectes collés aux feuilles des salades, mettre, dans la cuvette qui sert au rinçage, du citron ou du vinaigre.

• Une salade lavée et préparée se conserve, une fois mise dans un récipient étanche, dans le bac à légumes du réfrigérateur.

• À table, la salade est servie dans le saladier avec les couverts à salade. Si la salade n'est pas coupée, pour séparer les feuilles, utilisez la fourchette, mais pas le couteau. La salade peut être servie avec les fromages.

Tomates

• Pour ôter la pellicule qui recouvre la tomate sans arracher la pulpe, piquez la tomate avec une fourchette, plongez-la dans l'eau bouillante pendant 3 secondes, puis passez-la sous l'eau froide, et pelez-la.

Légumes et Féculents

- Les tomates peuvent se garder au réfrigérateur, mais le froid tue leur saveur. Pour avoir des tomates parfumées, les laisser à température ambiante, la tige tournée vers le haut.
- Pour attendrir des tomates trop fermes, les envelopper dans du papier journal pendant 2 ou 3 jours.
- Si l'on veut garder ses tomates au-delà d'une semaine, on peut les congeler, entières, coupées en tranches ou en coulis.
- On peut aussi faire des *conserves de purée de tomates* : prenez des tomates bien mûres, coupez-les en morceaux, mettez-les à cuire avec sel, poivre, bouquet de thym et de laurier (2 kg de tomates doivent donner 250 g de purée). Lorsque les tomates sont bien fondues, passez-les dans la passoire avec un pilon. Remettez cette purée dans une casserole et faites-la sécher un peu sur le feu jusqu'à ce qu'il ne reste plus d'eau. Versez cette purée dans des bocaux ; sitôt qu'elle est froide, couvrez avec de la paraffine et une feuille de cellophane. Conservez ces pots dans un endroit sec et frais.
- Si vous manquez de concentré de tomates (voir recette ci-dessus) vous pouvez faire réduire du coulis à feu doux.
- Vous pouvez aussi mélanger du ketchup avec du vinaigre, afin d'atténuer le goût sucré du ketchup.

Trucs et conseils à l'ancienne

Dosez le vinaigre à votre convenance, en goûtant le mélange.

• Pour masquer l'acidité de la sauce tomate, il suffit d'y ajouter 1 pincée de sucre.

• *Tomates farcies* : pour qu'elles ne rejettent pas d'eau à la cuisson, il faut creuser les tomates et les saupoudrer de sel fin à l'intérieur. Les retourner 1 heure après sur un torchon ou une passoire pour que l'eau s'écoule ; avant de mettre la farce, saupoudrez l'intérieur de la tomate d'un peu de farine. On peut aussi mettre au fond de chaque tomate quelques grains de riz, qui absorberont l'eau rejetée et s'intégreront à la farce.

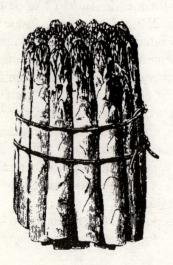

Fromages, Œufs & Laitages

La laitière

Beurre

• Pour raffermir un beurre trop mou pour être travaillé, on le place 3 minutes dans un récipient contenant eau fraîche et glaçons.

• Pour ramollir un beurre trop dur à travailler, on le met quelques secondes au micro-ondes ou on l'enveloppe dans un film plastique avant de le presser avec un rouleau à pâtisserie.

• Si le beurre est trop dur pour être tartiné, il suffit de tremper le couteau dans l'eau chaude.

• Pour ramollir du beurre avant de le mélanger à la farine lorsqu'on fait un gâteau, il faut le couper en petits morceaux mis dans un bol préalablement ébouillanté et l'écraser à la fourchette.

• *Beurre rance* : pour rattraper le goût de beurre rance, il faut enfoncer un morceau de carotte pelée dans la plaquette ou la motte.

• Lorsqu'on prépare un *beurre à la maître d'hôtel* (250 g de beurre, 1 cuillerée à soupe de persil très frais et haché gros, assaisonné de sel et de poivre, avec 1 cuillerée à soupe de jus de citron), il ne faut le manier que pour faire le mélange ; il ne faut pas le travailler trop longtemps.

Camembert

Pour éviter au camembert de couler, poser sa boite sur la tranche et non à plat, partie vide en haut.

Fromages, Œufs et Laitages

Fromages

• Pour atténuer l'odeur de certains fromages, on glisse sous la cloche une branche de thym, qui en absorbe partiellement les effluves.

• Le fromage râpé se conserve au réfrigérateur dans un linge humidifié avec de l'eau salée.

• Si l'on veut faire sécher des fromages, il faut les disposer sur un lit de paille dans un garde-manger très aéré, placé à l'abri du soleil et de l'humidité. Retourner les fromages de temps à autre et veiller à ce qu'il n'y ait pas d'insectes dans le garde-manger.

• Pour attendrir un *fromage de chèvre* trop sec, l'imprégner d'huile d'olive et après l'avoir saupoudré de thym et de sarriette, le faire griller des deux côtés ; le servir tartiné sur du pain grillé.

• Récupérer les morceaux de fromage trop petits pour être servis et écrasez-les dans la vinaigrette avec laquelle vous assaisonnez vos salades.

• Dans les repas, les fromages sont présentés sur une grande assiette ou sur un plateau, avec le beurre. Coupez-les au fur et à mesure des envies et mangez-les accompagnés d'un petit morceau de pain. Ne mangez pas le fromage avec la pointe du couteau ou avec une fourchette, mais en posant chaque bouchée sur un morceau de pain.

• Le *fromage de Brie* présenté en parts se coupe sur le côté (on n'ampute pas la pointe).

Trucs et conseils à l'ancienne

Gruyère

• Pour couper du gruyère en fines lamelles, il faut tremper la lame du couteau dans l'eau chaude.

Lait

• Dans un réfrigérateur, le lait prend toutes les odeurs, notamment celles des fromages. Il faut fermer hermétiquement les bouteilles et les briquettes de lait pour éviter ce désagrément.

• Pour redonner à du lait en poudre le goût du lait frais, ajouter une pincée de sel à l'eau qui sera utilisée pour le délayer.

• Pour éviter que le lait attache au fond de la casserole lorsqu'on le fait bouillir, il faut auparavant la passer sous l'eau froide et l'égoutter sans l'essuyer.

Œufs

• Pour savoir si un œuf est consommable, on le met dans l'eau. S'il va au fond du récipient, il est de bonne qualité. S'il flotte, il faut le jeter. • Lorsqu'on casse l'œuf, le jaune doit être bien bombé.

• Pour reconnaître un œuf dur d'un œuf cru, faites-le faire tourner sur lui-même comme une toupie. Si vous n'y arrivez pas, c'est qu'il est dur.

• Pour éviter que les coquilles cassent lorsqu'on fait bouillir des œufs, ajouter dans l'eau

Fromages, Œufs et Laitages

1 cuillerée à soupe de vinaigre. Cela permet en outre d'en ôter plus facilement la coquille.

• Pour éviter l'éclatement des œufs à la coque ou des œufs durs, laisser une petite cuillère dans l'eau de cuisson, ou y plonger 3 allumettes dont on a sectionné le bout soufré.

• Si la coquille d'un œuf est craquelée, badigeonnez-la avec du vinaigre avant la cuisson.

• Un œuf fêlé doit être consommé dans les 24 heures.

• Si l'on ne parvient pas, par maladresse, à séparer le jaune du blanc de l'œuf, prendre un entonnoir et y verser l'œuf: le blanc passe par le tuyau, mais pas le jaune !

• Ne jamais laver un œuf avant de le ranger, car sa coquille sera devenue poreuse.

• Un œuf laissé à température ambiante vieillit plus vite que dans un réfrigérateur.

• Pour manger des œufs, il ne faut pas utiliser de couverts en argent. Ils se ternissent. Toutefois, on peut leur rendre leur brillant en les plongeant dans l'eau de cuisson des pommes de terre.

Œufs à la coque

• Pour réussir des œufs à la coque, les mettre dans l'eau froide et laisser l'eau chauffer. Quand elle commence à bouillir, les œufs sont cuits à point.

• Autre méthode, plonger les œufs dans une eau qui vient de bouillir, couvrir et les ressortir, cuits à point, au bout de 5 minutes.

• Pour manger un œuf à la coque, on casse le gros bout avec la cuillère et avec le couteau. La coutume d'écraser la coquille vide vient du Moyen Âge (on croyait que les sorciers, avec cette coquille, pouvaient jeter des maléfices contre la personne qui avait mangé l'œuf).

Œufs au plat

• Pour que vos œufs au plat ne collent pas à la poêle pendant la cuisson, saupoudrez le beurre sur lequel vous les faites frire d'un peu de farine, ou versez un filet de vinaigre.

• Pour éviter que le blanc reste glaireux, notamment au-dessus du jaune, il faut couvrir la poêle à mi-cuisson.

Œufs brouillés

• Pour que vos œufs brouillés soient moelleux, il faut leur ajouter un jaune d'œuf en fin de cuisson.

• Pour augmenter le volume des œufs brouillés, battre les blancs en neige et les ajouter aux jaunes directement dans la poêle, puis mélanger pendant la cuisson.

Fromages, Œufs et Laitages

Œufs (conservation)

• Avant les réfrigérateurs, on prenait des œufs frais aussi frais que possible. Il était conseillé de faire la provision au mois de septembre. Dans une grande marmite ou une caisse en fer-blanc, on mettait du son ou des cendres et l'on enfouissait les œufs dedans. On les couvrait entièrement, de manière que l'air ne puisse pas y pénétrer et on les prenait au fur et à mesure des besoins.

• Autre méthode, on mettait dans un vase 10 litres d'eau et 2 morceaux de chaux vive. On laissait l'eau et la chaux pendant 8 jours, en ayant soin de remuer tous les jours. On plaçait les œufs dans des pots de grès et l'on versait dessus l'au de chaux en ayant soin de ne pas y mettre de dépôt. Il fallait que les œufs soient entièrement recouverts. On plaçait les pots de grès dans un endroit frais. On prenait les œufs avec des ustensiles et il ne fallait pas remettre dans l'eau un œuf qui avait été touché.

Œufs pochés

Pour réussir des œufs pochés, il faut ajouter une cuillerée à soupe de vinaigre à l'eau de cuisson et les cuire à feu très doux.

Trucs et conseils à l'ancienne

Omelette

• Pour être bonne, une omelette ne doit pas être trop cuite, la partie centrale doit être un peu moins prise que le dessus.

• Pour obtenir une omelette plus légère, incorporez 3 cuillères de lait ou de crème fraîche dans les œufs battus.

• Pour obtenir une omelette moelleuse, il faut percer les jaunes d'œufs avec une fourchette et les mélanger aux blancs, puis ajouter très peu de lait ou d'eau.

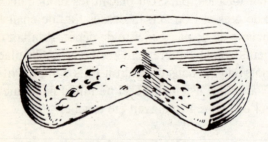

AROMATES, SAUCES & CONDIMENTS

La servante en cuisine

Trucs et conseils à l'ancienne

Ail

- On conserve l'ail dans un endroit sec.
- Pour éviter de troubler la digestion des convives dont l'estomac ne supporte pas l'ail, et pour bénéficier de son parfum, il faut frotter le fond et les côtés du plat avec une gousse d'ail épluchée…
- Si on fait tremper pendant 1 heure des gousses d'ail dans l'eau froide, on en atténue le goût.
- Les tiges vertes de l'ail remplacent, le cas échéant, la ciboulette dans une salade.
- Pour éviter que les épluchures des gousses d'ail ne collent aux doigts, il faut auparavant les ébouillanter pendant 2 minutes, puis les passer sous l'eau froide avant l'épluchage.
- L'ail (comme les feuilles de laurier) éloigne les charançons : placer 1 gousse d'ail dans les boîtes et bocaux contenant des légumes secs.
- Pour atténuer la force de son haleine lorsqu'on a mangé de l'ail, on peut croquer un grain de café ou mâcher un brin de persil.

Aïoli

Pour réussir un aïoli, il faut que tous les ingrédients soient à la même température. Piler 15 gousses d'ail, ajouter 1 jaune d'œuf cru, 1 jaune d'œuf légèrement cuit, 3 pincées de sel. Ajouter goutte à goutte, en tournant, 75 cl d'huile d'olive.

Aromates, Sauces et Condiments

Aromates disponibles

Hachez un mélange de persil, d'oignon et d'ail ensachez-le et placez-le dans votre freezer.

Béchamel

La sauce Béchamel sera plus légère si la farine est mélangée à de la maïzena, ou si vous remplacez le lait par l'eau de cuisson des légumes qu'elle doit accompagner.

Citron

• Si vous n'avez besoin que de quelques gouttes de jus de citron pour la cuisine, percez le fruit d'un petit trou rebouché ensuite avec un cure-dent.

• Les citrons bien ronds sont généralement plus juteux.

• Pour garder frais un citron entamé, en saupoudrer l'entame avec du sel fin. Lors de la réutilisation du citron, il suffit de couper la rondelle salée.

• Vous voulez qu'un citron vous donne son jus en abondance? Trempez-le un quart d'heure dans l'eau chaude avant de le presser, ou roulez-le sur la table avec la paume de votre main.

• On peut conserver des citrons frais pendant plusieurs semaines en les laissant dans un récipient rempli d'eau; mais il est impératif de changer cette eau tous les jours.

Cornichons

Pour rendre craquants vos cornichons de conserve, faites-les dégorger au sel puis replongez-les dans leur vinaigre.

Crème fraîche

• La crème fraîche est la panacée des cuisinières. Une seule cuillerée de crème fraîche améliore le goût de nombreuses recettes.

• Il ne faut jamais porter de la crème fraîche à ébullition, et ne la mélanger ni à du jus de citron, ni à du vinaigre : auxquels cas elle tourne et devient aigre. Il est préférable de l'ajouter en fin de cuisson.

• Lorsqu'on manque de crème fraîche, on peut la remplacer par un petit-suisse ou du lait concentré (non sucré).

• Lorsqu'on manque de crème fraîche pour une crème fouettée, on bat en neige un blanc d'œuf auquel on ajoute 1 cuillerée à café de beurre fondu.

• Pour réussir une crème fouettée ou une Chantilly, il ne faut incorporer le sucre qu'à la fin.

• Pour empêcher la crème fraîche de tourner, il faut lui ajouter 1 cuillerée à café de fécule.

Estragon

Pour remplacer l'estragon dans une vinaigrette, on y ajoute 1 goutte de pastis.

Aromates, Sauces et Condiments

Huile

• L'huile se conserve plus longtemps si on l'entrepose à l'abri de la lumière.

• On récupère une huile rancie en la faisant chauffer avec un quignon de pain.

• Ne jetez plus un reste d'huile rance, il vous rendra service pour huiler une serrure ou nourrir des cuirs vernis.

Huile d'olive

Pour parfumer et personnaliser de l'huile d'olive, glisser du thym, du romarin, de la sarriette, de l'estragon… dans la bouteille encore pleine.

Mayonnaise

• Pour réussir une mayonnaise, utilisez des œufs et de l'huile à la même température. Avec un mixer, fouettez les jaunes d'œufs et la moutarde puis incorporez doucement et régulièrement l'huile sans arrêter de battre. Rajoutez sel et poivre. Si la mayonnaise vient à virer, verser quelques gouttes de vinaigre et 1 pincée de sucre en poudre tout en continuant de tourner.

• Pour rattraper une mayonnaise, prenez-en une partie et mélangez-la de façon homogène dans la même quantité d'eau froide. Puis, au fouet, versez lentement ce mélange au reste de mayonnaise et battez jusqu'à ce que l'ensemble de la nouvelle mayonnaise soit redevenu ferme.

• Pour obtenir une mayonnaise légère, montez-la au fouet et ajoutez-y 1 petite cuillerée à soupe de vinaigre de vin tiède.

• *Mayonnaise sans œuf*: pour ceux qui ont le foie sensible, une mayonnaise sans œuf se prépare en mélangeant 2 cuillerées de lait concentré non sucré avec 1 cuillerée de moutarde; battre au fouet tout en versant l'huile. Lorsque la mayonnaise est prise, on ajoute sel, poivre et jus de citron.

Moutarde

• On ranime une moutarde sèche avec un peu de vinaigre sucré. • Pour éviter que la moutarde ne se dessèche lorsque le verre est entamé, il faut poser une rondelle de citron à sa surface.

Oignons

Comment ne pas pleurer en pelant des oignons? Il y en a qui vont jusqu'à mettre des lunettes de plongée, d'autres qui piquent une grosse boulette de mie de pain à la pointe du couteau à éplucher (ou passent la lame à la mie de pain). • Certains épluchent les oignons sous un robinet d'eau froide, d'aucuns dans un sac plastique. • Autre truc, plonger les oignons dans de l'eau chaude pen-

Aromates, Sauces et Condiments

dant 5 minutes, puis, rapidement, les replonger dans de l'eau froide, avant de passer à l'épluchage. • Ou les placer quelques minutes dans le freezer. • Dans tous les cas, ne couper la base qu'en dernier, parce que c'est là qu'est concentrée l'essence volatile qui fait pleurer ; il ne faut pas garder un oignon coupé au-delà de 24 heures.

• Pour faire disparaître l'odeur de l'oignon dans une poêle, la frotter avec des feuilles de thé ou y faire bouillir du thé.

• Pour mieux digérer les oignons, il faut les faire blanchir 2 minutes, puis les essorer et les faire blondir. • Pour rendre digeste l'oignon cru, on peut aussi le couper en lamelles et le laisser macérer 8 jours dans de l'huile d'olive.

• On conserve l'oignon accroché en bouquet dans un endroit sec.

Persil

• Pour conserver le persil, le placer en bouquet, tige en bas, dans un bocal plein d'eau. • On peut aussi faire sécher, à l'ombre, le persil récolté pendant l'été, en le retournant de temps en temps.

• Une branche de persil dans l'huile de friture empêche la lourde odeur de friture de se répandre.

• Pour atténuer la force de son haleine lorsqu'on a mangé de l'ail, on mâche un brin de persil.

Trucs et conseils à l'ancienne

Sauce blanche réussie

Pour une sauce blanche pour 4 personnes, mettez dans une casserole 30 g de beurre et 30 g de farine, et mélangez pour en faire une pâte. Ajoutez pincée de sel et prise de poivre. Versez 2,5 dl d'eau chaude ; tournez sur le feu (moyen) avec une cuiller jusqu'au premier bouillon. Le mélange beurre, farine et eau arrive à la consistance voulue pour napper le dos de la cuillère d'une couche de 2 mm.

Ajoutez alors 60 g de beurre (coupé en morceaux pour qu'il fonde plus facilement) ; Retirez du feu et tournez jusqu'à ce que le beurre soit entièrement fondu. La sauce est faite.

Le grand principe pour la préparation de la sauce blanche, c'est de faire bouillir jusqu'au premier bouillon seulement, d'y ajouter ensuite le beurre qui constitue la saveur de la sauce, et de retirer aussitôt du feu. Pourquoi la manque-t-on ? Parce qu'on veut mettre tout à la fois dans la casserole les quantités de farine et de beurre d'un seul coup, ce qui produit des sauces-colles. Si l'on s'aperçoit que la sauce est trop épaisse, on la dilue avec 2 cuillerées à soupe d'eau ; si, au contraire, elle est trop liquide, on mêle à part 10 g de beurre avec 1 cuillerée de farine, en augmentant la quantité si besoin est.

Pour les personnes qui aiment la sauce blanche acidulée, on ajoutera quelques gouttes de vinaigre ou de jus de citron. Mettre le citron, qui ne doit jamais bouillir ni attendre dans la saucière, au moment de servir.

Sauce sans grumeaux

Si l'on veut éviter les grumeaux dans les sauces à base de farine, il faut remplacer la cuillère en bois par une fourchette au bout de laquelle on pique un morceau de pomme de terre cru (et épluché).

Saucer

Saucer, c'est tremper dans la sauce, mais aussi essuyer la sauce d'une assiette ou d'un plat. À table, on sauce son assiette à l'aide d'un petit bout de pain planté à la pointe de la fourchette, et on laisse toujours un peu de sauce au fond de son assiette.

Sel

• Quelques grains de riz dans une salière empêchent le sel de prendre l'humidité.

• À table, en société, on prend le sel avec la pelle à sel, jamais avec les doigts.

Vinaigrette

• Pour faire une vinaigrette, il faut commencer par dissoudre le sel dans le vinaigre (car il ne se dissoud pas dans l'huile).

Trucs et conseils à l'ancienne

- Les bonnes proportions de la vinaigrette sont 1 cuillerée de vinaigre pour 3 cuillerées d'huile.
- Si la vinaigrette est trop épicée, on peut l'adoucir en y ajoutant 1 cuillerée à soupe de lait ou de crème.
- Si la vinaigrette est trop salée, on y laisse tremper, posé sur une cuillère, pour mieux le retirer, un morceau de sucre pendant 10 secondes.
- On peut alléger une vinaigrette en l'allongeant d'eau ; il faut alors la fouetter pour que l'eau et l'huile se mélangent.

FRUITS

La marchande de pommes

Abricot

• Pour les abricots secs, privilégiez ceux de couleur brune; les abricots secs orange, qui ont gardé leur couleur d'origine grâce à un traitement chimique à base d'anhydride sulfureux, peuvent être plus difficiles à digérer.

• À table, il peut se manger avec les doigts; on l'ouvre en 2 à la main.

Amandes

• Pour peler des amandes, les ébouillanter pendant 2 minutes, les égoutter et les passer sous l'eau froide. La fine peau qui les recouvre se décollera facilement.

• Pour qu'elles rendent moins d'huile, faire griller au four les amandes effilées. Elles deviendront aussi plus cassantes.

• Pour avoir des amandes grillées dorées, les saupoudrer de sucre avant de les mettre au four.

Ananas

• Avant de mettre un ananas frais dans une pâtisserie, le faire cuire auparavant de 10 à 15 minutes dans de l'eau sucrée.

• Pour préparer un ananas, le plus facile est de le couper en 2 (avec un couteau-scie) dans le sens de la longueur avec ses feuilles puis d'enlever la partie

Fruits

centrale dure, inconsommable. Détacher ensuite la peau de la pulpe avec un petit couteau.

• Si l'on conserve de l'ananas au réfrigérateur, il faut le sortir 1 heure avant de le consommer : le froid tue son goût.

• À table, l'ananas se mange avec le couteau et la fourchette.

Banane

• Pour éviter que la banane noircisse, dans une salade de fruits, il faut presser sur sa chair quelques gouttes de citron. • Pelée, une banane se conserve enveloppée dans du papier d'aluminium.

• À table, on la pèle, puis la mange en la coupant avec la fourchette.

Citron

• Un citron pelé (on a utilisé sa peau pour en faire des zestes, afin de parfumer une pâtisserie ou un cocktail) se conservera plusieurs jours s'il est placé dans un récipient rempli d'eau. Changer l'eau 1 fois par jour.

• Un citron coupé en 2 se conserve dans un verre, la partie coupée orientée vers le fond du verre. Si le verre est plus large que le citron, on le couvre afin de le rendre étanche. • On peut aussi mettre quelques gouttes de vinaigre sur une soucoupe, avant d'y déposer le citron, sa partie entamée en contact avec le vinaigre. • Autre méthode, saupoudrez la tranche de sel fin (on coupera l'entame avant utilisation).

• Lorsque des légumes ou des fruits ont été pelés, il suffit de les asperger de quelques gouttes de citron pour les empêcher de noircir.

• Pour obtenir le maximum de jus d'un citron, le plonger pendant 1/4 d'heure dans de l'eau chaude avant de le presser.

Compote

• Lorsqu'on ajoute du sirop sur les compotes, il faut le faire juste avant de les servir.

Figue

• On rend sa fraîcheur à une figue sèche en la faisant tremper 24 heures dans de l'eau ou du thé léger.

Fraises

• Il faut rincer rapidement les fraises (avec leur pédoncule) pour éviter qu'elles ne se gorgent d'eau.

• Pour rehausser la saveur des fraises, les arroser de quelques gouttes de citron, ou jeter sur le récipient qui les contient 1 pincée de poivre.

- Recouvrez votre tarte aux fraises de gelée de groseille tiédie pour être fluide ; les fraises flétriront moins vite et la surface de la tarte brillera.
- Faire tremper 1/2 heure des fraises dans du champagne limiterait le risque d'urticaire.
- Si l'on veut congeler des fraises, il faut auparavant les humidifier et les rouler dans du sucre en poudre. Les étaler pour les congeler à plat, et ne les ensacher qu'une fois congelées, afin qu'elles ne soient pas meurtries et écrasées.

Fruits (achat)

Qu'ils soient à consommer pour la table ou employés pour des confitures, les fruits, pour la plupart, s'achètent à maturité presque complète.

Les *reines-claudes*, *mirabelles* et *pommes* peuvent s'acheter les moins mûrs. La peau doit cependant être transparente, et le fruit ferme.

Les *cerises* doivent être mûres, mais non tournées. Les *fraises* et les *framboises* mûres mais encore fermes. Les *pêches* et les *bananes* tendres sans mollir sous le doigt, les *coings* très jaunes et très odorants.

Les *figues* et les *poires* mûres à point, les *abricots* et les *oranges* bien mûrs, les *raisins*, les *groseilles* et les *cassis* très mûrs, sauf si on doit les épépiner pour les conserver en grains dans la gelée.

Fruit (à table)

• À table, si vous partagez un fruit avec votre voisin, tendez-lui l'assiette de manière à présenter le côté du fruit auquel est resté attaché le noyau ou la queue. • Coupez tout fruit en 4, pelez-le au bout de la fourchette dans l'assiette. Éviter d'éplucher un fruit avec la fourchette et le couteau en le soulevant, au-dessus de son assiette ; le maintenir, piqué par la fourchette, sur le fond de l'assiette.

• Ne crachez pas les pépins ou les noyaux, utilisez une fourchette pour les déposer de la bouche dans l'assiette ou crachez-les sans bruit dans le creux de la main.

• À table, les groseilles en grappes s'égrènent avec la fourchette dans le fond de l'assiette.

• La grappe de raisins se mange grain par grain.

Fruits rouges

Il faut laver les fruits rouges avant de retirer leur pédoncule, sinon ils s'imbibent d'eau.

Fruits secs

Pour augmenter la saveur des fruits secs, il faut les passer à four chaud pendant quelques minutes, avant de les intégrer dans une pâtisserie.

Fruits

Sont traditionnellement groupés sous l'appellation de fruits secs les amandes, dattes, figues, pruneaux, noisettes, châtaignes, raisins.

Fruits (au réfrigérateur)

Les fruits se conservent mal au réfrigérateur. Toutefois, on peut en laisser certains dans le bac à légumes, selon cette durée moyenne :

Abricots	5 à 8 jours
Cerises	5 à 8 jours
Fraises	À consommer de suite
Framboises	À consommer de suite
Pêches	5 à 8 jours
Tomates	5 à 8 jours (mais elles perdent leur saveur)

Fruitier

Le fruitier était, dans les maisons bourgeoises, la pièce où l'on gardait les fruits pendant l'hiver. La réfrigération et la congélation l'ont fait disparaître. Toutefois, on peut toujours, pour diverses raisons, notamment écologiques, préférer le fruitier aux appareils électriques. Le meilleur endroit est un sous-sol sec et peu profond, à l'abri des variations de lumière et de température. Les fruits, bien secs, sains et bien formés, y sont disposés sur des tablettes ou des cagettes de bois.

Trucs et conseils à l'ancienne

Ne mettre dessous ni mousse ni paille, pour éviter la moisissure. Aérer le local par temps sec, et vérifier l'état des fruits tous les 5 jours environ.

Quand on ne peut avoir de local réservé à la conservation des fruits, on dispose les fruits dans des boîtes profondes de 10 à 15 cm, et toutes de même dimension, afin de pouvoir les empiler les unes sur les autres. La dernière boite est, elle, munie d'un couvercle.

Les *pommes* sont les fruits les moins fragiles, et ceux qui se conservent le mieux. Le *raisin* se garde avec le rameau sur lequel il a mûri.

Lorsque le fruitier est trop humide, les fruits se rident et mûrissent mal. Ce qui arrive avec les *poires*, même dites d'hiver (passe-crassane, bergamote, doyenné d'hiver…). Pour ne pas les perdre, on hâte leur maturation en les exposant en pleine lumière, au sec et à l'abri du froid. Il faut alors les consommer avant la fin janvier (au lieu de les prolonger jusqu'en mars) mais on perdra, par ce procédé, peu de fruits.

Melon

• À table, le melon se mange à la cuillère. S'il est présenté en tranches, séparez la chair de l'écorce avec un couteau et mangez-le alors à la fourchette.

• On fait des boules de melon, pour agrémenter les salades de fruits, en les creusant avec une petite cuillère ronde.

Noix

Pour rendre leur fraîcheur à des noix trop sèches, il suffit de les enterrer pendant 24 heures.

Noix de coco

Pour ouvrir une noix de coco, il faut : • percer la coque aux 2 extrémités pour récupérer l'eau ; • mettre la noix à four chaud jusqu'à ce que la coquille se fende. La chair s'en détachera facilement.

Orange

À table, elle doit être pelée avec le couteau et la fourchette. Si vous trouvez cela trop difficile, prenez entre vos doigts la peau, au sommet de l'orange, avec le couteau à fruits. Séparez ensuite les quartiers à l'aide de la fourchette et du couteau sans couper la chair, et piquez chaque quartier avec la fourchette.

Trucs et conseils à l'ancienne

Pêche
Pour peler des pêches, les ébouillanter auparavant quelques secondes.

Pommes / Poires
• Les pommes et les poires encore vertes mûrissent plus vite si on les enferme dans un sac plastique (perforé afin d'empêcher la moisissure).

• Pour empêcher les pommes au four de rider, les badigeonner au préalable d'huile.

Pruneaux
Avant de les incorporer dans des pâtisseries ou d'en faire des compotes, faire tremper les pruneaux dans du thé sucré plutôt que de l'eau.

Raisins secs
• Pour éviter que les raisins secs ne tombent au fond du moule pendant la cuisson des cakes, il faut les rouler dans du sucre cristallisé ou dans la farine et les ajouter à la pâte au dernier moment.

• Pour rendre leur moelleux à des raisins secs, on peut, si l'on est pressé, les couvrir d'eau et les mettre à chauffer au micro-ondes 2 minutes. Sortir et laisser reposer 5 minutes, le temps qu'ils s'imbibent complètement, et les égoutter.

Desserts
& Pâtisseries

La marchande de pommes cuites au four

 *Trucs et conseils à l'ancienne*

Assiette à dessert

Avant de placer les assiettes à dessert, enlevez tous les accessoires du repas ; il convient également de passer le ramasse-miettes.

Au dessert, une assiette plus petite est posée contenant les couverts à dessert et le bol pour laver les fruits et rincer les doigts. Le convive dépose lui-même ses couverts à droite de son assiette : cuillère, fourchette, couteau à fromage, couteau à fruit. Puis, en haut, à gauche de l'assiette, et près du grand verre, le rince-doigts pour laver les fruits.

Beignets

Les beignets c'est bon, mais c'est gras, et relativement indigeste. Pour les alléger, inclure à la pâte, avant cuisson, 1 bonne pincée de bicarbonate de soude.

Blancs en neige

• Pour augmenter le volume de blancs d'œufs en neige, rajouter progressivement de l'eau froide lorsque les blancs deviennent fermes, sans cesser de battre, dans les proportions suivantes : 1/2 coquille d'eau par œuf battu.

• Pour faire monter facilement les blancs en neige, il suffit de leur rajouter 1 pincée de sel.

Desserts et Pâtisseries

• Pour que les blancs en neige n'adhèrent pas au saladier, il faut préalablement passer rapidement ce dernier sous l'eau froide et ne pas l'essuyer.

• Les jaunes d'œufs non utilisés peuvent se conserver – pas plus d'1 mois – au congélateur dans un sac étanche.

Caramel

Proportions pour réussir son caramel : 5 morceaux de sucre pour une cuillerée à café d'eau.

Si l'on ajoute 1 filet de citron à 1 caramel avant de le répartir sur un moule, il ne se solidifiera pas, et sera plus moelleux.

Chocolat

Lorsqu'on utilise du chocolat dans des crèmes, mousses et entremets, on le dissout dans du café très fort : cela renforce sa saveur sans que l'on décèle celle du café.

Confitures

Lorsqu'on fait soi-même ses confitures, le choix de la bassine est important. Il faut bannir le fer, qui communique un mauvais goût aux fruits et noircit pendant la préparation ; le cuivre étamé peut intoxiquer ; l'émail, par chaleur vive, peut se craqueler, et laisser dans les confitures de petits morceaux d'émail. Privilégier donc une bassine en cuivre rouge ou en aluminium épais.

• Il ne faut écumer les confitures qu'en fin de cuisson, sinon on enlève la pectine qui les gélifie.

• Pour éviter que la confiture déborde de la bassine pendant la cuisson, y ajouter 1 noix de beurre. Elle empêchera la formation de l'écume.

• Remplir les pots de confiture par petites quantités, sinon le verre risque d'éclater sous la chaleur.

• Pour garder une confiture entamée, il faut sucrer la partie à l'air libre, et recouvrir le bocal d'une feuille d'aluminium.

• Lorsqu'on fait de la confiture de fraises, il faut rajouter quelques cuillerées de gelée de groseille, car les fraises contiennent peu de pectine sans laquelle une confiture ne peut pas prendre.

Crèmes

Crème anglaise : pour rattraper une crème anglaise qui a tendance à tourner, il suffit de la verser dans une bouteille et de la secouer. Elle redeviendra onctueuse. • Elle ne tourne pas si avant de battre les œufs on ajoute 1 cuillerée à café de farine (ou de fécule). Grâce à cet ajout, elle supporte l'ébullition. • Une crème anglaise est cuite lorsque la mousse en surface disparaît.

Desserts et Pâtisseries

Crème Chantilly : pour la réussir, mettre dans le réfrigérateur le saladier dans lequel elle sera faite, et, lors de la confection, ajouter 2 glaçons à la crème fraîche.

Crème fouettée : pour donner du volume à une crème fouettée, on lui ajoute un blanc en neige, ce qui a le second avantage de l'alléger.

Crêpes

• Pour que les crêpes n'adhèrent pas à la poêle, ajouter à la pâte une cuillerée à soupe d'huile. Avant la cuisson de chaque crêpe, passer sur le fond de la poêle un chiffon imbibé d'huile.

• Si la pâte à crêpes fait des grumeaux, il faut la faire couler à travers une passoire, et écraser les grumeaux recueillis (avec le dos d'une grande cuillère ou un pilon) avant de les réintroduire dans la pâte, enfin lisse.

• Si l'on veut garder ses crêpes tièdes au fur et à mesure qu'on les confectionne, il faut les placer (dans une assiette) au-dessus d'un récipient plein d'eau chaude et les recouvrir d'une cloche (un saladier pourra convenir) afin de maintenir la chaleur.

Flambage

Pour flamber un dessert (crêpe au Grand Marnier…), il faut préalablement chauffer l'alcool.

Gâteau

• Pour dorer un gâteau si l'on manque de jaune d'œuf, on peut le badigeonner de lait.

• Pour savoir si la pâte d'un gâteau est cuite, il faut enfoncer une lame de couteau en son centre : si elle ressort entièrement sèche, le gâteau est cuit, il faut le retirer du four afin qu'il garde son moelleux.

• Pour que le fond du gâteau ne brûle pas, mettre du gros sel entre le fond du moule et la plaque du four.

• Pour démouler un gâteau (genre galette ou pudding) en toute sécurité, il suffit de tremper le fond du moule, sitôt la sortie du four, dans de l'eau froide ; le gâteau ne collera pas au moule. Si le moule est froid, le tremper dans l'eau chaude, avant le démoulage.

• Pour découper un gâteau encore chaud, tremper la lame du couteau dans l'eau bouillante.

• Lorsqu'on fait un gâteau roulé, il faut veiller à ce que la pâte cuite reste souple pour se rouler facilement ; on y parviendra en recouvrant la pâte, dès sa sortie du four, d'un torchon en tissu épais. Ne la rouler qu'après refroidissement.

Desserts et Pâtisseries

Glace / Sorbet

• Pour découper de la glace, il faut utiliser une lame de couteau préalablement trempée dans de l'eau chaude.

• De même, tremper la cuillère à glace dans de l'eau chaude permet d'en détacher facilement les boules de glace.

• Pour que la glace soit moelleuse, il faut la sortir du réfrigérateur un quart d'heure avant de la consommer.

Levure

• Pour ne pas sentir le goût de la levure dans une pâtisserie, il ne faut pas dépasser 30 g de levure en été, et 40 g en hiver (pour 300 g de farine). Mettre plus de levure ne fait pas gonfler la pâte davantage.

• N'incorporer la levure de boulanger que lorsque la pâte a déjà été pétrie ; sinon, la levure risque de brûler la pâte et de lui donner son goût de levure.

• Ne mettre au four la préparation que lorsqu'elle est bien levée.

• Pour bien lever la pâte, il n'est pas nécessaire de la mettre dans un endroit chaud. La pâte fermente à partir de 10 °C ; une fermentation lente donne un meilleur goût, et n'aura pas tendance à retomber à la cuisson. Les pâtes grasses montent plus lentement.

Miel

• Pour éviter que le miel colle à la cuillère, il faut la tremper dans l'eau froide avant de la plonger dans le pot.

• Le miel mis au réfrigérateur a tendance à cristalliser. Pour le reliquéfier, le faire réchauffer au bain-marie.

• Le miel, lorsqu'on l'utilise en pâtisserie, a un parfum qui supplante celui des autres ingrédients. Aussi vaut-il mieux le dissoudre à part, et le doser avant de le mélanger.

Nappage d'un gâteau

Pour napper uniformément un gâteau, il faut délayer de la confiture (sans aucun morceau de fruit) dans un peu d'eau et chauffer la solution à feu doux en y ajoutant une noisette de beurre.

Rhubarbe (confiture de)

Il ne faut pas la faire cuire de la rhubarbe dans une casserole en aluminium ; cela la rend toxique.

Rouleau à pâtisserie

Si vous avez égaré votre rouleau à pâtisserie, une bouteille de vin de Bordeaux (sans l'étiquette) fera aussi bien l'affaire.

Desserts et Pâtisseries

Soufflé

Pour empêcher un soufflé de retomber, disposer sur le dessus de fines lamelles de gruyère (si c'est un soufflé salé) ou du chocolat râpé (si c'est un soufflé sucré).

Pour réussir un soufflé (salé ou sucré), placer le moule, avec sa préparation, pendant 1/4 d'heure dans le réfrigérateur avant de l'enfourner.

Sucres

Sucre glace : si vous manquez de sucre glace, passer du sucre en poudre au mixer.

Sucre vanillé : vous pouvez le fabriquer vous-même en plaçant un bocal de sucre roux en poudre 5 gousses de vanille. Remuez régulièrement. Au bout de 3 semaines, le sucre aura pris le goût de la vanille. Chaque fois que vous enlevez du sucre du bocal, remettez-en une quantité égale. Changez les gousses de vanille au bout d'1 an.

Tartes

• Les fruits juteux peuvent détremper la pâte à tarte. Pour éviter cet inconvénient, badigeonner la surface de la pâte qui doit recevoir les fruits avec de l'œuf battu ou disposez un peu de semoule crue avant de poser la garniture.

Trucs et conseils à l'ancienne

• Pour l'empêcher de gonfler lors de la cuisson, on dépose sur la pâte à tarte des petits cailloux lisses ou des haricots secs. On peut aussi y planter verticalement des morceaux de macaronis, qui feront des « cheminées ». On les retira, comme les cailloux ou les haricots secs, avant de disposer la garniture.

• Pour empêcher la pâte à tarte de coller au moule, saupoudrez-le, après l'avoir beurré, de fécule de pomme de terre.

Viennoiseries

Pour rendre leur fraîcheur à des viennoiseries de la veille (brioches, croissants), on les passe au four après les avoir enveloppées dans du papier sulfurisé que l'on aura préalablement humidifié.

Boissons

La vendeuse de liqueurs ambulante

Alcool

L'alcool représente environ 10 % du vin. C'est de l'alcool éthylique, provenant de la fermentation de certains sucres contenus dans le moût, lequel est soumis à l'action de levures qui décomposent le sucre en alcool et en gaz carbonique.

Le degré d'alcool d'un vin, généralement porté sur sa bouteille, est en réalité le volume d'alcool qu'il contient : de 8,5 % à 15 % (une bouteille portant sur son étiquette la mention 12 % contient 12 % de son volume en alcool).

Ce taux d'alcool dépend du taux de sucre dans le moût (100 g de sucre de raisin donnent en moyenne 48 g d'alcool et 46 g de gaz carbonique, et la fermentation de 18 g de sucre donne 1° d'alcool pour 1 litre de vin) ; selon l'ensoleillement dont a bénéficié la vigne, avant sa vendange, le moût sera plus ou moins sucré. Aussi, pour augmenter la teneur en alcool du vin qu'il va donner, on lui rajoute du sucre (chaptalisation) ou du moût plus concentré. Pour augmenter la teneur en alcool de 1°, il faut, comme indiqué plus haut, 18 g de sucre. La loi réglemente ces apports en sucre.

Boissons

Degré moyen d'alcool pour les :
- Vins : 8,5 à 15°
- Vins de liqueur : 15 à 22°
- Vermouths : 15 à 18°
- Cassis : 20 à 30°
- Anisette : 26 à 30°
- Cherry : 30 à 35°
- Cointreau : 40°
- Grand Marnier : 40°
- Arquebuse : 43°
- Bénédictine : 43°
- Chartreuse jaune : 43°
- Chartreuse verte : 55°
- Izarra jaune : 43°
- Izarra verte : 51°
- Pastis : 45°
- Rhum : 44 à 50°
- Armagnac : 40 à 60°
- Cognac : 40 à 60°
- Genièvre : 40 à 60°
- Gin : 40 à 60°
- Kirsch : 40 à 60°
- Whisky : 40 à 60°

A.O.C.
Appellation d'Origine Contrôlée. Les A.O.C. proviennent de terroirs sélectionnés. Leurs conditions de production sont strictement contrôlées.

Bouchon
• Pour réutiliser un bouchon de liège sans le tailler, il suffit de le faire tremper dans l'eau bouillante pendant 10 minutes. Il sera alors, jusqu'à ce qu'il sèche, suffisamment malléable.

• Vous avez du mal à déboucher une bouteille de vin ? Chauffez son goulot en y faisant glisser, par va et vient, une ficelle enroulée autour (3 tours).

• Vous n'avez pas de tire-bouchon ? Enrobez le cul de la bouteille dans un tissu et tapez (à petits coups) le fond de la bouteille ainsi emmitouflé contre une table ou un plancher. Le bouchon devrait sortir tout seul…

• Lorsque vous débouchez une bouteille avec un tire-bouchon, veillez à ne pas la secouer. Flairez le bouchon et versez un peu de vin dans un verre, goûtez-le ; si le vin n'est pas bouchonné, vous pouvez alors le servir.

Bouteille (contenance)
• *Balthazar* : bouteille d'une contenance de 12 litres (contient généralement du champagne).

Boissons

- *Clavelin :* bouteille trapue d'une contenance de 63 cl (utilisée pour le vin jaune du Jura).
- *Dame jeanne :* bonbonne de verre entourée d'osier ou de paille.
- *Impériale :* bouteille d'une contenance de 6 litres (contient généralement du bordeaux).
- *Jéroboam :* bouteille d'une contenance de 3 litres (contient généralement du champagne).
- *Magnum :* bouteille d'une contenance de 1, 5 litre.
- *Mathusalem :* bouteille d'une contenance de 6 litres, comme l'impériale.
- *Nabuchodonosor :* bouteille contenant 15 litres.
- *Réhoboam :* bouteille d'une contenance de 4,5 litres.
- *Salmanazar :* bouteille d'une contenance de 9 litres.
- La bouteille de vin traditionnelle contient, elle, 75 cl. Elle peut avoir différentes formes, selon qu'elle contient du bordeaux, du bourgogne…

Brut

Un vin brut est un vin effervescent (champagne, mousseux…) peu sucré (teneur en sucre résiduel inférieure à 15 g par litre).

Café

- Pour rattraper un café qui a bouilli, ce qui nuit à sa saveur, on peut y plonger 1 glaçon au moment de le servir.

- Pour relever la saveur d'un café, mettre un peu de cannelle dans le grain moulu avant de mettre en marche la cafetière.
- Au moment de faire le café, humecter d'abord le café moulu d'un peu d'eau bouillante, afin qu'il libère son arôme, puis versez ensuite lentement le reste de l'eau.
- Le café doit être conservé dans un récipient hermétique et placé au réfrigérateur. Pour conserver son arôme au café moulu, y enfoncer 2 grains de gros sel.
- Pour éviter qu'une cafetière, peu utilisée, prenne une odeur de renfermé, y laisser, tant qu'elle ne sert pas, un morceau de sucre.

Carafe (nettoyer une)

Pour nettoyer une carafe, procédez de la façon suivante : mettez dans votre carafe du gros sel ou des coquilles d'œufs pilées, ajoutez un peu de vinaigre et secouez énergiquement la carafe ; rincez.

Cave

- Pour une bonne conservation du vin, la cave doit être aérée, ventilée, sans odeurs, si possible ouverte au nord, close et obscure. La lumière nuit à la conservation du vin, surtout les champagnes et vins blancs mis en bouteilles blanches ou claires.

Boissons

- Ne pas entreposer, près des bouteilles, des oignons ou des pommes de terre, des légumes, des fruits susceptibles de fermenter, du fuel ou de la peinture ! Les odeurs traversent les bouchons et peuvent se propager au vin.
- Ne pas laisser les bouteilles dans des cartons, ils s'imprègnent de l'humidité ambiante, la fixent dans la cave et contribuent à entretenir des odeurs de moisi. De même, garder les vins en caisses de bois équivaut à les stocker dans une ambiance sèche.
- Le mieux est de ranger les bouteilles à plat dans des casiers. Laisser la rangée du bas vide, afin de favoriser l'aération du casier.
- Habituellement, on loge les vins blancs près du sol, les rouges au dessus, les vins de garde au fond, les vins à boire en position frontale.
- La température idéale est entre 10 et 12 °C. Le vin craint les écarts brusques, importants et répétitifs. L'hygrométrie doit être suffisante, l'humidité étant nécessaire à la conservation du vin.
- Si la cave est trop sèche (ce qui accélère le vieillissement du vin et rétrécit les bouchons), on dispose en son centre une bassine d'eau saupoudrée de soude caustique (pour lui éviter de croupir).
- Les vibrations sont néfastes aux vins de garde : éviter le voisinage d'une rue à grande circulation si vous voulez que votre vin vieillisse.

Champagne / Mousseux

Lorsqu'on doit servir une boisson frappée (champagne, mousseux, clairette), la bouteille se refroidira plus vite si l'on met dans le seau, avec les glaçons, une grosse pincée de gros sel.

Cocktail

Lorsque l'on confectionne un cocktail, avant de les secouer pour les mélanger, il faut verser les boissons les moins fortes en alcool les premières.

Étiquette des bouteilles

A.O.C., V.D.Q.S., vins de pays ou vins de table : la mention est obligatoire sur l'étiquette de la bouteille, ainsi que sa contenance (75 cl dans la plupart des cas) et le degré/volume d'alcool (10°, 11°, 12°, 12,5°…). Seule exception, les champagnes : l'appellation champagne, pour double emploi, dispense de l'appellation A.O.C. Est aussi obligatoire, dans ces catégories, le nom de l'établissement qui assure la mise en bouteille : négociant ou propriétaire-récoltant (en ce cas, on trouve la mention *mis en bouteille à la propriété ou au château* ; dans le cas contraire, il s'agit d'un vin de négociant).

L'indication du millésime n'est pas obligatoire pour les A.O.C. et les V.D.Q.S. et est interdite pour les vins de table et les vins de pays.

Glaçons
Pour éviter que des glaçons se collent entre eux, il faut les arroser d'eau gazeuse.

Jus de fruit
Pour rendre tous ses parfums à du jus de fruit en boite, il faut le battre au fouet (ou le passer au mixer) afin de lui enlever le léger goût métallique qu'il peut avoir pris pendant sa conservation.

Madère (de remplacement)
Pour remplacer du madère dans une sauce, on fait cuire un pruneau dans du vin blanc sucré.

Millésime
Le millésime est l'année de la récolte d'un vin. Tous les vins de qualité (à l'exception des champagnes, qui se font par assemblage) sont millésimés, c'est-à-dire qu'ils portent, sur leur étiquette, leur année de naissance. Mais cette indication du millésime n'est pas obligatoire pour les A.O.C. et les V.D.Q.S. (elle est interdite pour les vins de table et les vins de pays). Lorsque le vin n'est pas millésimé, c'est qu'il s'agit vraisemblablement d'un assemblage entre le vin de l'année et un vin gardé en réserve, ou un vin d'une mauvaise année. Toutefois, un vin non millésimé n'est pas obligatoirement

détestable ; il peut se révéler même très bon, mais il faut le consommer rapidement ; il ne se gardera pas même si l'évolution des techniques vinicoles permet d'obtenir des vins qui se conservent sans craindre de mauvaises surprises.

Tache (de vin)

Si, par inadvertance, vous renversez du vin rouge sur la table, versez du sel dessus, afin qu'il s'en imprègne avant la nappe et qu'il ne la tache pas. La méthode n'est pas garantie à cent pour cent !

Thé (service du)

Pour un thé, le service d'argenterie ou de porcelaine est posé sur un plateau à l'extrémité de la table. On met le thé à infuser (4 minutes) dans une théière ébouillantée au préalable.

V.D.Q.S.

Vins Délimités de Qualité Supérieure. Intermédiaires entre les Vins de Pays et les A.O.C., ils obéissent à des normes fixées par arrêtés moins strictes que les A.O.C., mais doivent respecter des règles d'encépagement, de degré d'alcool… et sont, eux aussi, soumis à une épreuve de dégustation, Ils peuvent être vins de propriétaire ou vins de négoce.

Verre (nettoyage)

• On nettoie les verres (y compris ceux en cristal), à l'eau froide, puis on les trempe dans de l'eau claire et on les fait sécher en les renversant ; lorsqu'ils sont secs, on les essuie avec un linge de toile.

• Les carafes et autres vases en cristal seront nettoyés avec de l'eau froide, du sel gris, des coquilles d'œufs pilées ou des morceaux de pommes de terre.

Verres échaudés

Pour éviter qu'un verre ne se casse lorsqu'on y verse de l'eau chaude, placez-y une petite cuillère et versez le liquide bouillant sur cette dernière.

Verres empilés

Lorsqu'on ne parvient pas à séparer 2 verres empilés l'un dans l'autre, il faut faire tremper celui du bas (qui se dilatera) dans l'eau chaude et verser de l'eau froide dans celui du haut (qui se rétractera). On peut aussi tenter de les séparer après les avoir placés dans un réfrigérateur.

Verres givrés

Pour givrer les verres, lors de cocktails, placez dans une assiette du sucre en poudre et dans une autre un sirop de fruit. Trempez les verres dans le sirop puis dans le sucre. On peut varier les couleurs en utilisant plusieurs sirops de fruit.

Vin (choix du)

Une tradition plus ou moins justifiée veut qu'avec le poisson, le vin blanc soit de rigueur : pouilly-fuissé, montrachet… bourgogne blanc ou vin du Rhin. Mais on peut aussi choisir, sur le thon, le saumon ou des poissons en sauce, des vins rouges légers, voire des rosés.

Avec la viande, il y a le choix entre le bourgogne rouge léger, le bourgogne rouge capiteux (ayant du corps mais montant davantage à la tête), les côtes du Rhône (châteauneuf-du-pape), les bordeaux et les vins de pays, notamment les A.O.C.

Le choix du vin dépend de la viande : un vin fruité s'adapte très bien avec une grillade, un vin capiteux s'accommode mieux d'un civet, une volaille s'accorde avec un bordeaux… Lorsque l'on propose des plats régionaux, on essaie de les accompagner d'un bon cru du terroir.

Le vin rosé ou le champagne et les crémants (qui servent autant aux apéritifs qu'aux desserts) peuvent être servis pendant tout le repas.

Les vins sucrés tels que le monbazillac s'allient de préférence aux entremets.

Vins (classement des)

L'Europe distingue deux grandes familles de vins : • les vins de table ; • les V.Q.P.R.D. (Vins de Qualité Produits dans des Régions Délimitées).

En France, ce classement a été subdivisé en deux ; ainsi obtient-on, par ordre croissant de qualité : • les V.D.T. (Vins De Table) ; • les V.D.P. (Vins De Pays) ; • les V.D.Q.S. (Vins Délimités de Qualité Supérieure) ; • les A.O.C. (vins d'Appellation Contrôlée).

Vin (composition)

Le vin est composé à 90 % d'eau, et à 10 % environ d'alcool. Selon qu'il est blanc, rouge ou rosé, le vin contient aussi des sucres résiduels (vins blancs liquoreux), des pigments colorants (rouges et rosés), et des tannins, sels minéraux, oligo-éléments (calcium, magnésium, sodium, fer, cuivre, iode…), des acides aminés, et des vitamines.

Vin (dégustation du)

• La dégustation d'un vin commence par son analyse sensorielle, en faisant appel à la vue, le nez et le goût.

• La vue permet d'analyser la robe d'un vin, c'est-à-dire sa teinte (jaune-paille, tuilé, grenat…). Lorsque le vin est effervescent, on analyse l'intensité et la finesse des bulles dégagées.

Trucs et conseils à l'ancienne

• L'odorat permet de définir le nez du vin, son bouquet. On le hume d'abord sans remuer le vin. Puis on fait tourner le vin dans le verre (en l'oxygénant ainsi, on lui permet d'exhaler son bouquet). On le hume rapidement. On recommence à faire tourner le vin dans le verre et on le respire profondément. On analyse les odeurs perçues (voir odeurs).

• Le goût permet de définir la saveur du vin, c'est-à-dire s'il est sucré ou acide, astringent ou piquant... et son arrière-goût. C'est en fonction de la saveur d'un vin qu'on le choisira pour accompagner tel ou tel plat, afin que cette saveur se marie harmonieusement avec celle du plat.

En résumé, on verse un peu du vin, amené à bonne température, dans un verre à dégustation ; on examine sa couleur ; puis on imprime au verre quelques mouvements giratoires pour favoriser l'expansion de l'arôme et sentir le bouquet ; on mouille ensuite la pointe de sa langue, pour juger de son acidité, de son astringence ; si aucun parfum, aucun goût ne domine, on en déduira que le vin est équilibré. On en prend alors une bonne gorgée, on la promène dans sa bouche et on la retient pendant un certain temps à l'entrée du pharynx, où les sensations sont nettes, afin de mesurer ses qualités de corps, de finesse, de moelleux... Enfin on avale lentement le liquide en faisant une large inspiration, pour pouvoir juger de son arrière-goût. Seuls les sommeliers les mieux entraînés sont, après une telle opération, capables de donner le cru, le millésime, les cépages, et les parfums qui les composent... Mais vous-même serez capable de dire si le vin dégusté est corsé, léger, sec, doux ou liquoreux, si c'est un bourgogne ou un bordeaux, un vin jeune ou un vin vieux... Pour vous aider dans vos commentaires, voir les mots du vin, ci-dessous.

Vin (mots du)

- *Ample* : agréable au goût, charnu.
- *Âpre* : passe difficilement dans la gorge.
- *Bleu* : âpre, peu corsé ; le comble pour un vin rouge que d'être qualifié de bleu !
- *Boisé* : goût de vanille ou de caramel dû à un vieillissement en fûts de bois.
- *Bouchonné* : goût de bouchon lorsqu'on le respire au-dessus du verre ou du goulot de la bouteille. Le vin est inconsommable.
- *Bouquet* : ensemble des sensations olfactives que procure un vin, surtout rouge (on parle aussi de *parfum* pour les vins blancs).
- *Bourru* : vin jeune chargé de particules solides, au sortir de la cuve de fermentation ; trouble.
- *Capiteux* : il monte à la tête, est bien alcoolisé, équilibré, puissant et chaleureux.

Trucs et conseils à l'ancienne

- *Chambré* : porté à une température de 16 °C avant sa dégustation.
- *Charnu* : bon équilibre entre les tannins et le moelleux apporté par l'alcool.
- *Charpenté* : allie richesse en alcool et harmonie des éléments qui entrent dans sa composition.
- *Corsé* : fort en alcool, consistant.
- *Éventé* : qui a perdu son goût et ses arômes pour être resté trop longtemps ouvert.
- *Fruité* : qui a la saveur du raisin.
- *Généreux* : produit, même en petite quantité, une sensation de bien-être, un effet tonique.
- *Gouleyant* : agréable en bouche, souple, désaltérant, facile à boire.
- *Léger* : peu chargé en alcool, peu coloré.
- *Long* : laisse longtemps en bouche la sensation qu'il a procurée, lorsqu'on l'a dégusté.
- *Mâche* : un vin qui a de la mâche est au faîte de sa plénitude ; il est si charnu en bouche qu'on a l'impression de pouvoir le mâcher.
- *Moelleux :* flatte le palais par sa saveur fondue procurée par les gommes et la glycérine.
- *Queue de paon* : un vin fait dans la bouche la queue de paon lorsqu'il dégage une impression de douceur et de plénitude.
- *Robe* : couleur du vin.
- *Rond* : vin souple, légèrement velouté.

- *Sec* : un vin rouge sec manque de moelleux et de chair ; en revanche, un vin blanc sec chauffe la langue et excite agréablement le système nerveux.
- *Souple* : ni trop acide, ni trop tannique.
- *Tannique* : vin riche en tannins, substance astringente provenant du bois du tonneau ou des rafles de raisin. Se caractérise par l'assèchement de la bouche. Les tannins, dans les vins rouges, en favorisent le vieillissement.
- *Vert* : saveur astringente due au manque de maturité du raisin ou à une acidité élevée ; demande à vieillir davantage.
- *Vif* : emplit le palais sans saveur acide ; les vins vifs sont caractérisés par une robe brillante.

Vin (odeurs du)

Lorsqu'on respire un vin, les odeurs perçues sont interprétées comme :
- *fruitée* (banane, cassis, pomme…)
- *végétale* (foin, tilleul…)
- *florale* (acacia, violette…)
- *chimique* (éventé, piqué…)
- *balsamique* (vanille, résineux…)
- *animale* (musqué…)
- *épicée* (muscade, clou de girofle…)
- *boisée* (vanille, caramel…)
- *brûlée* (fumé, caramélisé…)

Vin (présentation du)

• Le vin ordinaire ou tiré au tonneau est présenté dans une carafe.

• Quand on sert le vin dans sa bouteille, on la présente droite ; il faut éviter de la secouer. Servir l'étiquette en haut et la main sur l'étiquette. Ne pas prendre pas la bouteille par le col. Si possible, ne pas appuyer le goulot sur le bord du verre lorsque l'on sert le vin.

• Les grands vins rouges peuvent être versés dans des carafons en cristal. En principe, ces vins sont chambrés, c'est-à-dire laissés à température ambiante. On peut aussi laisser la bouteille de grand cru sur la table, couchée dans un panier spécial, afin d'éviter la position verticale, toujours préjudiciable au vin vieux.

• Les vins de Bordeaux peuvent être décantés ; on ouvre la bouteille la veille de sa dégustation et on laisse à température ambiante. On verse lentement le vin dans une carafe également chambrée, sans secousse, en veillant que le dépôt, s'il y en a un, reste dans la bouteille.

• Il n'est pas nécessaire de décanter les vins de Bourgogne, mais on veille à ne pas faire passer le dépôt dans les verres.

• Les vins frappés (champagne, rosé, blanc, mousseux) se mettent dans un seau à champagne et sont servis (rapidement) avec une serviette repliée autour du goulot.

• Les vins blancs se servent toujours dans leur bouteille, à l'exception des vins de dessert (muscat) que l'on transvase dans des carafes. Ils se boivent frais.

• Débouchez le vin sans secousse avec un tire-bouchon. Vérifiez, en flairant le bouchon et en versant un peu de vin dans un verre pour le goûter que le vin n'est pas bouchonné.

• À table, le verre de vos convives doit toujours rester plein.

Vin (température du)

• **Vin blanc et vin rosé** : servir frais (entre 10 et 12 °C) ; leur parfum se développera mieux.

• **Vin blanc sec** : servir frais (entre 6 et 10 °C). On servira un vin d'Alsace et le champagne plus frais.

• **Champagne** : mettre la bouteille dans un seau à glace une heure avant de le servir "frappé" ou le laisser en haut du réfrigérateur pendant 4 heures.

• Pour conserver les bulles du champagne après le débouchage de la bouteille, introduire dans le goulot le manche d'une petite cuillère. Une bouteille de champagne ouverte doit se consommer rapidement, car même rebouchée, l'oxygène contenu dans la bouteille altérera le goût du vin.

Trucs et conseils à l'ancienne

- Si votre champagne n'est pas frais, remplissez (discrètement) les coupes en faisant passer le champagne par un entonnoir rempli de glaçons.
- **Vin rouge** : le servir à la température ambiante (si elle est entre 16 et 18 °C) ; c'est à cette température que ses arômes s'épanouissent. Enlever son bouchon une heure avant de le servir afin que son bouquet ait le temps de se dégager.
- Pour chambrer rapidement le vin, tremper la carafe dans de l'eau chaude, l'envelopper dans une serviette qui conservera la tiédeur et y verser vin et le laisser décanter.
- Pour les **Bourgognes rouges** vins capiteux qui prennent leur arôme dans la chaleur du palais, on peut les servir de 12 à 13 °C seulement.

Vin (verres à)

- L'eau est servie dans le grand verre. Elle peut être versée à l'avance.
- Le vin rouge est versé dans le verre moyen, dit à Bourgogne.
- Le vin blanc et les vins doux sont servis dans le plus petit verre, dit à Bordeaux.
- Le champagne est servi dans une coupe dite à champagne.
- Les vins d'Alsace se servent dans des verres dont la tête ronde est juchée sur un haut pied.

- Si vous heurtez un verre et qu'il tinte, posez votre doigt sur le bord pour arrêter la vibration.
- Lorsque l'on porte des toasts, il est inutile (et dangereux, car il est fragile) de faire tinter le cristal des coupes (lesquelles se lavent à la main, pas au lave-vaisselle).
- Éviter les verres colorés ou gravés, préférer des verres fins, transparents, ronds ou ovoïdes, avec des bords légèrement refermés en haut, afin que les arômes puissent s'y épanouir et s'y conserver. Tous sont en tulipe, avec un pied suffisamment long pour qu'on puisse tenir le verre sans le chauffer avec sa main.

Vin blanc

- Le vin blanc est obtenu avec des raisins blancs ou des raisins rouges à jus blanc. Les raisins ne sont pas foulés, comme pour les vins rouges, mais directement pressurés. Le moût est immédiatement séparé des éléments de pigmentation (peaux, etc.) pour éviter la coloration par macération.
- Suivant le taux de transformation de sucre en alcool, le vin blanc est dit *sec*, *doux* ou *demi-sec* et *liquoreux*. Ainsi, en laissant la fermentation transformer tous les sucres, on obtient un blanc sec, en arrêtant la fermentation pour garder du sucre, on obtient un blanc doux…

• Un vin blanc de blancs provient de raisins blancs exclusivement. Les blancs de blancs les plus connus sont les champagnes, produits par le chardonnay, qui donne également les Bourgognes blancs.

• Un vin blanc de noirs provient de raisins rouges au jus blanc.

• Plus un vin est acide, plus il doit être bu frais (cas des vins blancs secs). Mais attention, pas glacé ! sinon, ses arômes disparaissent.

Vin blanc (de remplacement)

Si l'on manque de vin blanc pour faire une sauce, on le remplace par du vinaigre de vin dilué dans de l'eau avec 2 morceaux de sucre.

Vin nouveau

Le vin nouveau est un vin de l'année, à boire à partir de la date légale de sortie des chais (généralement, pour les A.O.C. et V.D.Q.S., en décembre, sauf pour les vins de pays, autorisé à partir de septembre) et jusqu'aux vendanges suivantes, période au cours de laquelle il perd son titre de nouveau.

Les **beaujolais nouveau**, **gaillac nouveau**, **côtes-du-Rhône nouveau**, **vins de Loire nouveau** eux, comme les vins primeurs, bénéficient d'une exception et peuvent être consommés à partir du troisième jeudi de novembre, à partir de 0 h ; ils n'ont le droit d'être vendus sous ce nom que jusqu'au printemps.

Vin rosé

Le vin rosé provient de raisins rouges à jus blanc, et non pas comme on peut le croire, d'un mélange de raisins rouges et de raisins blancs. Le procédé est interdit par la loi ; il est seulement autorisé pour obtenir du champagne rosé, qui est un mélange de bouzy (vin rouge de Champagne) avec du vin blanc (lui aussi de Champagne).

Le rosé s'obtient soit par la méthode des vins blancs, soit par la méthode des vins rouges, mais en interrompant sa macération au bout d'1 semaine, lorsque le moût a pris une couleur rosée.

Vin rouge

Le vin rouge s'obtient avec des raisins rouges. Les raisins sont foulés légèrement (c'est-à-dire qu'ils passent entre deux cylindres cannelés tournant en sens inverse et à des vitesses différentes, laissant passer les matières solides), puis mis à macérer en cuve sur une durée plus ou moins longue (1 mois environ, le temps que tous les sucres se

Trucs et conseils à l'ancienne

transform en alcool). Le vin est ensuite séparé des matières solides. Chacun des deux composants est pressé séparément puis remélangé et mis en fût de vieillissement de quelques mois à 3 ans. Pendant cette durée, on transvase les vins de fûts en fûts afin d'éliminer, par soutirage, les dépôts.

V.S.O.P.

Abréviation de **Very Superior Old Pale** : mention que l'on trouve sur les étiquettes de bouteilles de cognac ou d'armagnac, et qui précise l'âge de la plus jeune eau-de-vie de l'assemblage. (**V.O.**, que l'on trouve aussi sur des étiquettes, signifie *very old*). Ne prenez pas au sérieux ceux qui vous disent que V.S.O.P. signifie *Versez Sans Oublier Personne*, même si leur supplique est sincère…

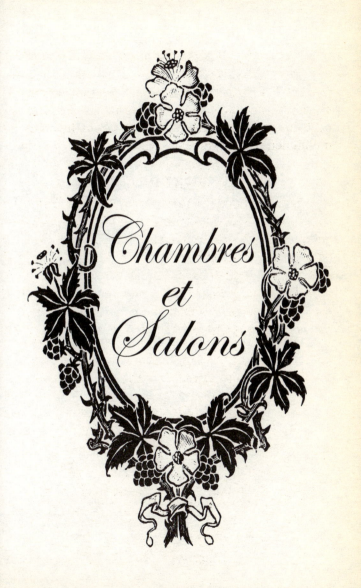

Planchers, Sols & Tapis

La marchande de balais

Trucs et conseils à l'ancienne

Carrelage

• Pour ôter des *traces de ciment* sur du carrelage, passer dessus du vinaigre d'alcool très chaud et brosser.

• Pour nettoyer un carrelage, le laver au savon noir (1 cuillerée à soupe pour 1 litre d'eau) puis le rincer.

• Pour raviver un carrelage, le passer à l'huile de lin avec un chiffon de laine (sauf s'il s'agit de très vieilles dalles, qui peuvent être devenues poreuses avec le temps).

• Pour enlever du *cambouis sur du carrelage*, il faut le ramollir avec un corps gras, puis le laver à l'eau chaude savonneuse.

• Le carrelage, c'est agréable et frais l'été ; mais l'hiver, il reste froid. Pour atténuer cet inconvénient, on le recouvre d'un tapis. Si malgré cela vous sentez encore le froid sous vos pieds, il faut isoler le tapis du carrelage en insérant entre eux une couche, plus ou moins épaisse, de papier journal, qu'il faut changer si elle devient humide.

Linoléum

• Pour poser soi-même du linoléum, il faut procéder à une température ambiante supérieure à 20 °C ; on pourra alors le découper et le manipuler sans risque de déchirure. Avant la découpe, prévoir

Planchers, Sols et Tapis

des dimensions légèrement inférieures à celle du sol qu'il doit recouvrir. En effet, une fois posé, en adhérant à la surface qu'il recouvre, il s'élargira de quelques millimètres.

• Pour raviver les couleurs d'un linoléum un peu terne, mettre 1 jaune d'œuf battu dans 1/2 litre d'eau, étaler ce mélange avec un chiffon et de le laisser sécher sans rincer. Autre solution : mélanger 1 litre de lait à 1 litre d'essence de térébenthine. Polir avec un linge doux et chaud.

• On prolonge la vie des linoléums en les frottant de temps en temps avec un chiffon imbibé d'huile d'olive. On peut aussi, pour leur redonner l'éclat du neuf, les « assaisonner » en les frottant 1 fois par mois, avec un mélange de vinaigre et d'huile.

• Pour effacer les traces noires sur le linoléum, utiliser un chiffon imbibé d'éther.

Marbre

• Pour nettoyer une tache sur un marbre, arrosez la tache avec du jus de citron et frottez-la avec un linge épais et doux. Rincez avec de l'eau minérale (non calcaire).

• Si du marbre est jauni, il faut le nettoyer à l'eau savonneuse, le frotter avec du jus de citron mélangé à du sel fin. Rincer puis sécher.

- Pour laver du marbre, utiliser du savon noir (1 cuillerée à soupe pour 1 litre d'eau), rincer à l'eau légèrement javellisée puis astiquer à la peau de chamois.
- Les taches de fruits, de café, de boissons ou de nicotine sur du marbre disparaîtront si on les frotte avec de l'eau de lessive additionnée de quelques gouttes d'ammoniaque. Rincer ensuite abondamment.
- Pour effacer des taches d'encre sur du marbre, il faut les tamponner avec un chiffon imprégné d'eau oxygénée à 20 volumes, additionnée de quelques gouttes d'ammoniaque. Polir ensuite, après avoir séché avec un chiffon doux.
- Les taches de graisse sur du marbre s'effacent avec de l'essence. Veillez à ce que ce nettoyage s'effectue loin d'une flamme ou d'une braise.

Moisissures

Pour se débarrasser des moisissures, utiliser un peu de craie blanche. Enduire les taches de moisissure sur les endroits atteints avec de la craie réduite en poudre à laquelle on a ajouté un peu d'eau pour obtenir une pâte. Laisser sécher et laver.

Planchers, Sols et Tapis

Moquette

• Si, lorsque vous vous déplacez sur votre moquette, vous devenez électrique au point de faire des étincelles ou de recevoir de légères décharges, c'est que votre environnement n'est pas assez humide ; quelques plantes vertes et fleurs en vase rééquilibreront votre atmosphère plus joliment que des humidificateurs.

• Pour nettoyer une moquette, passer l'aspirateur dans le sens du poil.

• *Moquette tachée de sang* : le vinaigre blanc est efficace pour faire disparaître les traces de sang sur les moquettes et les tapis.

• *Urine de chien ou de chat* : s'attaquer rapidement à l'auréole laissée par l'animal qui s'est oublié sur la moquette. Épongez au maximum avec un chiffon sec, puis humectez la tache avec de l'eau gazeuse. Laissez les bulles s'évaporer, épongez de nouveau et recommencez l'opération une seconde fois pour plus d'efficacité. Saupoudrez avec du bicarbonate de soude pour éliminer l'odeur et passez l'aspirateur.

• Pour effacer les *marques de pieds d'un meuble* incrustées dans une moquette, maintenir un fer à vapeur à quelques centimètres au-dessus de la partie à traiter. Le jet de vapeur redonnera du gonflant aux poils écrasés qui étaient couchés.

Trucs et conseils à l'ancienne

- *Taches de boue* : frotter les taches avec de l'eau vinaigrée (mettre 1 cuillerée à soupe de vinaigre par litre d'eau). Rincer ensuite à l'eau claire, laisser sécher et brosser.
- *Taches de cambouis* : recouvrir les taches avec du beurre, laisser agir une nuit puis racler le tout. Finir d'éliminer le gras des taches avec du tétrachlorure sur un chiffon propre.
- Sur les moquettes et tapis, pour lutter contre les *taches de suie*, qui ont la particularité de s'étaler quand on les brosse, il faut les recouvrir de sel, puis aspirer ou balayer.

Parquet / Plancher

- Si le parquet grince, saupoudrez-en les fentes avec du talc.
- Pour décaper un plancher autrement qu'avec une paille de fer et beaucoup d'énergie, mélanger en quantités égales de l'eau de Javel et de l'essence de térébenthine. Étaler ensuite sur les lames avec un chiffon, et nettoyer.
- Ne jamais laver un plancher vernis à l'eau chaude (la chaleur dilate le bois). Utiliser plutôt une eau tiède additionnée d'un peu de vinaigre.
- Du dissolvant pour vernis à ongles peut servir à faire disparaître les marques que les talons laissent sur les planchers.

Planchers, Sols et Tapis

Tapis

• En cas de taches sur un tapis, préparez une solution d'eau savonneuse avec de la poudre de lessive pour machine à laver et faites pénétrer en profondeur la mousse sur la tache ; brossez la tache avec une brosse douce. Absorbez l'excédent de mousse savonneuse et répétez l'opération si la tache n'est pas encore partie. Généralement (mais le résultat reste fonction de la nature de la tache), c'est efficace.

• Pour effacer une *tache de thé* sur un tapis, la tamponner avec un chiffon imbibé d'eau gazeuse ou imbibé d'un mélange d'alcool et de vinaigre blanc.

• Nettoyant naturel : coupez en 2 un chou vert et brossez-en soigneusement le tapis, pour le nettoyer. Passez ensuite l'aspirateur.

• Autre nettoyant écologique ; brossez le tapis ou la carpette avec un peu d'eau vinaigrée.

• Aspergez les *taches de graisse* visibles sur un tapis avec de la mousse à raser, puis laissez agir 3 à 4 heures. Lorsque c'est bien sec (on peut accélérer le processus avec un séchoir à cheveux), enlevez le surplus et passez l'aspirateur.

• Pour nettoyer un tapis, il faut le saupoudrer de sciure de bois imbibée de vinaigre d'alcool ou d'ammoniaque. Après brossage et séchage, on met la touche finale en passant l'aspirateur.

Trucs et conseils à l'ancienne

• Pour raviver les couleurs d'un tapis, il faut l'humidifier avec de l'eau gazeuse non salée, puis, après séchage, le brosser doucement. • Autre méthode : le frotter avec une infusion d'épluchures de pommes de terre, puis le rincer.

• Pour lutter contre les mauvaises odeurs des tapis, étendre dessus le contenu de sachets de thé (une fois infusés, mais encore humides), laissez-le tout reposer quelques minutes et passez ensuite l'aspirateur. • Autre méthode, pour en éliminer les mauvaises odeurs, avant de passer l'aspirateur, saupoudrez le tapis avec du bicarbonate de soude.

• Pour chasser les mites d'un tapis, il faut le frotter avec une éponge imbibée d'essence de térébenthine.

BIJOUX, ARGENTERIE & VAISSELLE

La marchande de faïences

Alliances

• Vos alliances en or ou en argent retrouveront tout leur éclat si vous les brossez avec une brosse à dents enduite de dentifrice. Rincer et faire reluire.

• Les alliances, bijoux qui ont une valeur souvent plus symbolique que marchande, peuvent être gravées à l'intérieur de noms et date de mariage. Les Romains offraient l'anneau de mariage le jour des fiançailles. La jeune fille le glissait au quatrième doigt de sa main gauche, car on prétendait qu'un nerf allait de l'annulaire jusqu'au cœur. C'était aussi la croyance des Égyptiens. L'alliance se faisait en or, mais parfois aussi en fer, ornée d'un diamant ou d'un aimant qui symbolisait l'attraction existant entre les deux époux. Chez les Saxons anglais, la bague d'alliance était en or pur. On la passait tout d'abord au pouce de la statue de Dieu le Père, puis au second doigt, en l'honneur de son fils, enfin au troisième pour le Saint-Esprit. La cérémonie terminée, on passait la bague au quatrième doigt de la jeune fille. Dans certaines provinces anglaises, le rituel voulait aussi que l'époux passe successivement l'anneau au pouce, l'index, au médius de la jeune fille au nom du Père, du Fils et du Saint-Esprit pour terminer par l'annulaire en disant *Amen*. En Russie, on préférait les alliances en argent. En Italie, sous la Renaissance, on les ornait de diamants, cette pierre ayant le pouvoir de maintenir l'amour entre deux époux. En Espagne, on ne donnait pas à l'alliance la même importance, et nombreux étaient les couples qui n'en portaient pas. L'alliance, désormais, se porte toujours à l'annulaire gauche.

Argenterie

• Pour nettoyer l'argenterie, frottez-la avec un peu de dentifrice. Ou mélangez un peu de savon noir à de l'eau chaude, battez jusqu'à l'obtention d'une mousse. Laissez tremper les bibelots et couverts pendant quelques minutes dans ce mélange, puis essuyez-les.

• Pour nettoyer des couverts en argent, les mettre dans une casserole d'eau bouillante où l'on aura déposé une feuille d'aluminium.

• On peut passer l'argenterie dans une eau savonneuse, la frotter avec une brosse puis la tremper dans l'eau froide. Essuyez avec un linge doux puis avec une peau de chamois.

• Pour entretenir l'argenterie, la frotter avec un chiffon de coton humide imprégné de bicarbonate de soude.

• On peut aussi, pour faire briller son argenterie, la laver avec l'eau de cuisson des épinards, de l'oseille ou de la rhubarbe. Ensuite, la frotter avec un chiffon doux imprégné d'alcool à brûler.

Trucs et conseils à l'ancienne

• Pour décaper des bibelots noircis, mélanger en parties égales du vinaigre et de l'ammoniaque. Utiliser une vieille brosse à dents pour étaler ce mélange et rincer abondamment en insistant avec la brosse sur les ciselures. • Autre recette, un peu de cendre de cigarette mélangée à du jus de citron; rincer ensuite abondamment. • Variante: tremper l'argenterie dans de l'eau additionnée de cendre et faire bouillir le tout pendant 1/4 d'heure.

• Une boule de camphre placée à proximité de l'argenterie permet d'espacer les nettoyages fastidieux. • Pour de l'argenterie seulement ternie, la plonger dans du lait tourné. Laisser ensuite sécher et frotter avec un chiffon doux…

• Si l'argenterie est piquée, que des taches noires apparaissent à sa surface, la baigner un quart d'heure dans du vinaigre chaud. • On peut aussi la frotter avec de la fécule de pomme de terre.

Assiettes

• Dans une casserole qui peut la contenir et remplie de lait, immerger l'*assiette fêlée*. Laisser bouillir pendant 45 minutes; ce temps écoulé, la fêlure n'apparaîtra plus.

• Pour rendre son brillant à une *assiette de collection*, la laver dans de l'eau chaude additionnée de détergent doux, la rincer puis la sécher avant de

Bijoux, Argenterie et Vaisselle

la frotter avec un tampon de coton imbibé d'alcool à brûler. Laisser évaporer et faire briller.

Bijoux

• *Bijoux en argent :* pour nettoyer des bijoux en argent, utiliser du jus de citron, puis les rincer à l'eau chaude et les faire briller avec une peau de chamois. • On peut aussi frotter les bijoux en argent avec du dentifrice.

• *Bijoux en or :* ne jamais utiliser d'alcool pour des bijoux en or. Mettre de l'eau savonneuse dans un récipient avec un couvercle. Y plonger les bijoux, fermer et agiter à plusieurs reprises. Rincer abondamment et sécher avec un chiffon propre.

• Pour donner de l'éclat aux bijoux en or, les frotter simplement avec de la mie de pain.

• *Bijoux fantaisie :* pour leur rendre leur éclat, utiliser de l'eau savonneuse. Si des bijoux fantaisie noircissent votre peau ou vos vêtements, il faut les nettoyer avec du jus de citron, puis passer une pellicule de vernis à ongles incolore sur la partie oxydée.

Chaîne

• Pour démêler une fine chaîne en or, plutôt que de tenter d'en défaire les nœuds au risque d'endommager les maillons, verser dessus quelques gouttes d'huile ; la chaîne, manipulée avec douceur, se démêlera d'elle-même.

• Autre méthode : saupoudrez la chaîne de talc, puis défaire le nœud à l'aide d'une aiguille.

• Pour redonner son éclat à une chaîne en or ternie, la mettre dans un shaker (une boite à fermeture étanche fera l'affaire) où il a été mélangé du savon râpé, de la craie en poudre et un peu d'eau. Agiter fortement, afin que le mélange décape jusqu'à l'intérieur des maillons, puis rincer la chaîne.

Émaux

Pour lustrer des émaux, les tremper dans de l'eau savonneuse et les rincer avec de l'eau dans laquelle on aura dilué du jus de citron.

Montre

• Si de la buée apparaît à l'intérieur du verre de votre montre, portez-la à l'envers, c'est-à-dire mettez le verre en contact avec votre peau jusqu'à ce que la chaleur de votre corps ait fait évaporer la buée.

Nacre

Pour faire briller la nacre des coquillages, les baigner dans de l'eau oxygénée. Nettoyer la nacre des bijoux et des bibelots avec un tampon imbibé d'huile de table, puis la polir avec un chiffon doux.

Perles

Pour que les perles – même fausses – de votre collier gardent leur éclat (leur orient), rangez-les dans une boîte saupoudrée de magnésie.

Pierre décollée

Si une pierre se décolle sur un bijou, une goutte de vernis à ongles incolore suffit généralement à la maintenir à sa place.

Porcelaines

• On ne met pas des porcelaines anciennes dans un lave-vaisselle. On les lave avec de l'eau tiède additionnée de jus de citron, sauf si elles sont garnies de dorures. Dans ce cas, il faut utiliser de l'eau froide.

• Pour effacer les craquelures, qui ont jauni avec le temps, on les frotte avec de l'eau javellisée.

• On peut aussi laver les porcelaines dans de l'eau chaude à laquelle on ajoute du savon noir et des cristaux de soude. On laisse égoutter puis on rince à l'eau froide. Lorsque les objets sont presque secs, on les essuie avec un linge doux.

• Le thé et le café finissent par tacher la porcelaine et les cuillères. Faites tremper vos tasses et vos cuillères dans de l'eau chaude additionnée d'eau de Javel et de savon à vaisselle. Après quelques minutes, lavez-les dans une autre eau savonneuse, rincez.

Théière

• Pour rendre son éclat à l'intérieur d'une vieille théière, y laisser infuser de l'eau bouillante avec des morceaux de citron. • Autre méthode pour éliminer le calcaire et le tannin du thé, frotter l'intérieur de la théière avec de l'eau très concentrée en sel ; rincer à l'eau vinaigrée, puis plusieurs fois à l'eau claire, afin que le prochain thé ne soit pas acide…

• Pour qu'une théière ne sente pas le renfermé si elle n'est pas souvent utilisée, laissez-y un morceau de sucre entre deux utilisations.

Meubles, Bois
& Petits Bricolages

Le scieur de bois

Abat-jour

S'il est en raphia ou en paille, l'abat-jour attire davantage la poussière. Pour le nettoyer, passer, dans le sens des fils, une éponge imbibée de lait écrémé et essuyer ensuite avec un chiffon sec.

Adhésif (papier ou plastique)

• Pour éviter les poches d'air lorsqu'on étale du plastique adhésif, il faut passer avant la pose un chiffon légèrement imprégné d'huile sur la surface à recouvrir.

• Avant de mettre en place du papier adhésif, placer les rouleaux pendant 2 heures au réfrigérateur. La pose en sera simplifiée car le papier, refroidi, ne se rétractera pas.

• Pour décoller un ruban adhésif tenace, le recouvrir d'une feuille de papier sur laquelle on passe le fer à repasser tiède ; ou encore, utiliser un séchoir à cheveux. La chaleur fera fondre la colle.

Ampoule électrique

• Pour ôter le culot à vis d'une ampoule brisée (après avoir coupé le courant), enlever le verre brisé avec des pinces, prendre un bouchon de liège plus gros que la base de l'ampoule, l'enfoncer dans le culot, puis tourner pour dévisser dans le sens inverse des aiguilles d'une montre.

Meubles, Bois et Petits Bricolages

• Pour nettoyer une ampoule électrique (après avoir coupé le courant), utiliser de l'alcool à brûler. Pour une ampoule en verre dépoli, utiliser une moitié d'oignon et terminer avec un chiffon humide.

• Quelques gouttes d'huile essentielle versées sur une ampoule avant d'allumer une lampe suffiront pour que toute la pièce sente bon.

Bambou (meubles en)

Pour nettoyer des meubles en bambou, les brosser avec de l'eau chaude additionnée d'un peu de lessive (non moussante de préférence) et quelques gouttes d'ammoniaque. Après un rinçage avec une éponge, les frotter une fois secs avec un chiffon imprégné de quelques gouttes d'huile de lin, puis faire briller.

Bois

• Pour teindre du *bois blanc* et lui donner une nuance claire, faites bouillir 10 minutes 10 cuillerées à soupe de chicorée dans 1 litre d'eau. Répandre le liquide obtenu sur le bois, dans le sens des fibres, avec une éponge (mettre des gants, car la teinture imprègne aussi la peau). Veiller à répartir uniformément la teinte • Un peu de coquille d'œuf pulvérisée et saupoudrée sur une brosse à laver fera partir les taches maculant du bois blanc.

Trucs et conseils à l'ancienne

• Pour enlever des traces d'eau et d'alcool sur un meuble en *bois ciré*, les frotter longuement avec un bouchon de liège. • Autre solution, imbiber les taches d'essence de térébenthine, puis cirer.

• Pour nettoyer des meubles en *bois laqué*, utiliser un tampon imbibé d'un mélange de farine et d'huile de lin, puis frotter avec un chiffon sec. Sur les meubles laqués, il faut éviter l'eau. Vous pouvez les nettoyer avec un chiffon doux imbibé d'eau savonneuse à condition de les essuyer ensuite.

• Pour nettoyer et entretenir des meubles en *bois verni*, utiliser toujours la même pâte à base d'huile ou de cire ; sinon, on risque de tacher le bois. Les frotter avec un chiffon de laine. • Taches sur du bois verni : nettoyer les taches noirâtres (gras et saleté) avec un chiffon imbibé d'alcool. Frotter toujours le bois dans le sens du grain. • Pour les effacer, on frotte les taches de café et de thé sur le bois verni avec de l'eau tiède puis on les éponge.

• On enlève une tache blanchâtre faite par de l'eau en la frottant avec de l'huile de lin. Sécher et polir. Autre méthode, frotter les taches d'eau avec un chiffon doux imbibé d'un mélange composé d'huile d'olive et d'alcool à 90° en proportions égales. Si le vernis se trouve être superficiellement abîmé, astiquer en faisant des cercles avec un mélange d'huile d'olive et de cendre de cigarette.

Meubles, Bois et Petits Bricolages

• *Taches sur du bois massif* : de nombreux solvants peuvent être utilisés : éther, essence minérale… Faire auparavant un essai sur une petite surface.

• Un œuf battu additionné d'un peu de vinaigre blanc constitue un bon nettoyant pour les bibelots en bois.

Bois (entretien)

• Pour garder les meubles de bois en bon état, les enduire d'un peu de cire ou d'huile et les frotter avec un chiffon de laine.

• Pour raviver la couleur du bois décapé, le rincer avec du vinaigre chaud.

• Pour supprimer les salissures laissées par les mouches, frotter les taches avec du marc de café tiède ou bien du vinaigre.

• Pour nettoyer les taches laissées par un liquide sucré, utiliser du marc de café délayé avec un peu d'eau tiède.

Bois (taches)

• *Taches de bière* sur un meuble : imbiber un tampon de coton d'eau tiède additionné de quelques gouttes d'ammoniaque.

• *Taches de cire de bougie* : laisser durcir la cire, puis la gratter avec un couteau en prenant bien soin de ne pas endommager le bois. Si la cire s'est incrustée dans le bois, la recouvrir d'un essuie-tout en papier et appliquer un fer à repasser, à température moyenne, pendant quelques secondes. La cire s'imprégnera dans le papier. • On peut aussi tremper un chiffon dans de l'eau très chaude et frotter la tache en changeant régulièrement la portion de chiffon utilisée afin de recueillir la cire et non pas de l'étaler davantage.

• *Taches d'huile* : étaler sur les taches de l'essence de térébenthine et saupoudrez de talc. Chauffer un peu ce talc avec un fer à repasser tenu au-dessus (ne pas le poser). Essuyer et cirer.

• Les boiseries se nettoient avec un peu d'eau et de savon doux.

Cheminée

• Pour raviver un feu qui se meurt dans une cheminée, on jette 2 poignées de gros sel sur les braises, ou des bouchons de liège.

• Lorsque le feu flambe dans la cheminée, y jeter des épluchures de citron ou d'orange ; la pièce s'en trouvera agréablement parfumée.

Clou

• Pour enfoncer facilement une pointe ou un clou dans du bois dur, en tremper la pointe dans un peu d'huile de vidange.

Meubles, Bois et Petits Bricolages

• Avant d'enfoncer un clou dans du plâtre, le tremper quelques minutes dans de l'eau bouillante.

• Il est malaisé d'enfoncer des clous courts tout en les tenant entre ses doigts, soumis aux chocs de la tête du marteau… Piquez au préalable le clou dans un carton gaufré ou dans une feuille de papier pliée. Positionnez votre clou, les doigts tenant le papier loin du marteau. Puis, le clou à moitié enfoncé, déchirez papier ou carton et achevez le clouage.

Colle

• Pour coller un timbre, un coin de tapisserie, un morceau de papier, délayez un peu de farine dans le creux de votre main avec de l'eau.

• Pour faire tenir un timbre qui ne colle plus, utilisez du vernis à ongles incolore.

• Si vos timbres sont collés les uns sur les autres, mettez-les au congélateur quelques heures. Vous pourrez ensuite les séparer sans les déchirer.

• Pour enlever les traces de colle laissées par une étiquette sur un récipient en plastique, il faut les badigeonner avec de l'huile de table.

Ébène

Pour entretenir un meuble en bois d'ébène et lui garder son brillant, il faut, de temps à autre, le frotter avec de l'huile de lin.

Fauteuil en osier

Les sièges en osier grincent; pour l'éviter, mettre de l'huile de paraffine aux jointures.

Fauteuil en velours

• Pour redonner au velours son apparence première, brosser les fibres aplaties dans le sens contraire avec une brosse à poils doux. • On peut aussi, pour redresser les fibres, passer un fer à repasser à quelques centimètres au-dessus du tissu en laissant la vapeur l'imprégner. Utiliser ensuite une brosse à poils doux.

• Ne jamais presser le velours, il risquerait de ternir. Passer une peau de chamois humide sur le velours pour le raviver.

• Pour nettoyer un meuble en velours ou en coton, utiliser de l'eau savonneuse ou de l'eau claire. Un mélange d'eau et d'ammoniaque en parts égales enlève les taches rebelles (faire un essai sur un morceau de tissu non apparent avant de nettoyer le meuble complètement).

Fenêtre bloquée

Pour débloquer une fenêtre qui ne s'ouvre plus parce que son bois a gonflé à cause de l'humidité, saupoudrer de talc le bas de la fenêtre. Le talc a la propriété d'absorber l'eau.

Meubles, Bois et Petits Bricolages

Ficelle

• Lorsqu'on fait un paquet, il faut mouiller la ficelle, afin qu'elle ne glisse pas lorsqu'on la noue. En séchant, elle se resserrera et restera tendue.

• Dévidoir à ficelle : posez une pelote de ficelle dans la partie évasée d'un entonnoir et laissez dépasser la ficelle du goulot. Votre ficelle ne s'emmêlera plus.

Fumée de cigarette

Pour atténuer les effets néfastes de la fumée de cigarette, faire brûler des bougies dans la pièce où sont réunis les fumeurs ou poser sur une soucoupe une éponge imbibée d'eau.

Meubles brillants

• Pour rendre les meubles plus brillants, les frotter avec un chiffon doux imbibé d'un mélange composé de 4 parts de vinaigre, 2 parts d'huile d'olive et 3 parts d'essence de térébenthine.

• Pour effacer les traces de liquide sur les meubles, frotter avec de l'huile d'olive. • Pour effacer la trace laissée par une tasse ou un verre sur un meuble en bois, frotter doucement, dans le sens du grain avec de la térébenthine ou un mélange de cendre de cigarette et d'huile de table. Si la trace n'est pas totalement effacée, elle sera fortement atténuée.

Meubles (déplacement)

• Pour déplacer des meubles sur un parquet ou du carrelage, les glisser sur une couverture que l'on tire lentement (si le meuble est lourd, en soulever les pieds un à un). On peut aussi disposer sous les pieds du meuble des… épluchures de pomme de terre.

• Pour déplacer un meuble sur de la moquette, placer sous chaque pied un couvercle de bocal à conserve. Il glissera facilement sur la moquette. Si le meuble n'est pas trop lourd, un morceau de carton sous chaque pied suffira.

Odeurs

• *Aspirateur* : pour lutter contre les mauvaises odeurs qui se dégagent de l'aspirateur, mettre 1 poignée de pot-pourri ou de clous de girofle dans le sac, ou le saupoudrer de cannelle ou de muscade moulue. On peut aussi y placer 1 boule de ouate imbibée de parfum ou d'extrait de menthe. Pour éviter que des odeurs ne se forment à l'intérieur d'un humidificateur, ajouter à l'eau quelques cuillerées à café de jus de citron.

• *Peinture* : pour lutter contre les odeurs de peinture, mettre sur le plancher de la pièce un bol d'eau froide contenant 1 gros oignon coupé, ou 1 assiette avec de la mie de pain (fraîche), ou encore 1 bol rempli de lait.

Meubles, Bois et Petits Bricolages

- *Meuble* : si un meuble sent le moisi, disposer à l'intérieur 1 soucoupe ou un petit bol contenant de la farine de moutarde.
- *Radiateurs* : en hiver, quand le chauffage central est en marche, ajouter quelques gouttes de parfum à l'eau des saturateurs des radiateurs ; une odeur agréable parfumera la maison pendant que la chaleur se répartira.
- *Séjour et chambres* : faire bouillir de l'eau avec de la cannelle ou 1 clou de girofle pour parfumer une salle de séjour ou une chambre.
- *Tabac* : pour empêcher l'odeur de tabac d'imprégner une pièce, notamment dans les rideaux et les tentures, faire brûler régulièrement des écorces d'oranges préalablement séchées.

Ordinateur

- Si le clavier de l'ordinateur (ou du téléphone) est sale, en nettoyer les touches avec un coton-tige imbibé d'alcool.
- Pour nettoyer l'écran, mettre le liquide sur un tissu ou un chiffon doux qui ne pluche pas.

Porte

- Afin d'éviter les grincements de portes, enduire de vaseline les tiges métalliques des gonds. L'avantage de la vaseline est de ne pas couler.

• Lorsqu'il faut raboter une porte parce qu'elle frotte contre le chambranle, enduire de craie le chant de la porte et la refermer. Lorsqu'on la rouvre, les surfaces qui n'ont plus de craie sont celles qui frottent ; ce sont donc celles qu'il faut raboter.

Rouille

• *Ferrures* : si un trempage prolongé dans du pétrole ne suffit pas à dérouiller des ferrures, les frotter avec de la laine d'acier trempé dans le pétrole et les faire briller avec un mélange de cendre et d'huile.

• *Fer rouillé* : l'enduire avec un mélange composé de pétrole (2/3) et d'huile (1/3). Le laisser s'imprégner plusieurs heures avant d'essuyer.

• *Fer forgé* : pour retirer les traces de rouille sur du fer forgé, les frotter avec un chiffon de laine imbibé d'ammoniaque. S'il en reste un peu, délayer de la poudre de pierre ponce extra-fine dans quelques gouttes d'huile et frotter avec ce mélange.

• *Clefs* : pour nettoyer des clefs rouillées et sales, les baigner dans un mélange composé d'1 partie de pétrole et de 2 parties d'huile. Après quelques heures, un coup de chiffon suffit à leur rendre leur propreté.

• *Chaudron* : pour l'empêcher de rouiller, le frotter avec un chiffon imprégné d'huile d'olive.

Meubles, Bois et Petits Bricolages

Sciage

Pour éviter, lorsqu'on le scie, que le bois se referme au fur et à mesure, il faut glisser une pièce métallique (lame de couteau, vieille scie à métaux) dans la fente que l'on vient de faire et l'avancer à mesure que l'on scie.

Stylo bille

Si la pointe d'un stylo bille est encrassée, la faire tourner rapidement dans un filtre de cigarette, ou sur du papier de verre à grains très fins.

Stylo feutre

Si votre pointe feutre est sèche (notamment parce que vous avez oublié de lui remettre son capuchon), trempez-la dans du vinaigre.

Tiroir

• Si un tiroir coince, enduisez les parties latérales de paraffine. S'il coulisse toujours aussi mal, il va falloir envisager de raboter, ou de passer au papier de verre les flancs récalcitrants.

• Si un tiroir, qui coulisse bien, ne cesse de s'ouvrir, c'est que le meuble qui le contient n'est pas horizontal et penche vers l'avant. Il faut rehausser sa partie frontale avec des cales.

Tuyau

Pour faire un raccord dans un tuyau ou lui adapter un embout, il faut plonger la partie concernée pendant quelques instants dans de l'eau chaude, ou la savonner.

Vis

• Si le bois dans lequel on doit faire pénétrer une vis est dur, enduisez l'extrémité de celle-ci d'un peu de matière grasse.

• Lorsqu'on ne peut pas remplacer une vis par une autre plus longue ou plus grosse, fendre une allumette ou un cure-dent en bois, dans la longueur ; glisser l'allumette ou le cure-dent dans le trou de la vis, puis placer celle-ci entre les deux parties de l'allumette (ou du cure-dent).

• Pour dévisser une vis rouillée, enduire l'orifice de pétrole et le laisser agir quelques instants. On peut aussi badigeonner la tête de vis d'un mélange d'huile de machine à coudre et de dissolvant de vernis à ongles ; attendre un peu avant d'intervenir, afin que le mélange agisse sur la rouille.

• Si vous voulez protéger vos vis de la rouille, enduisez-les de cire d'abeille avant de les mettre en place.

Tissus & Vêtements

Le marchand de ciseaux

Accroc

Pour réparer un tissu en fibres naturelles (coton, fil, etc.) on utilisera du blanc d'œuf. Poser le tissu bien à plat, à l'envers. Bien positionner les bords à ressouder. Passer sur la déchirure du blanc d'œuf. Poser dessus une pattemouille (sèche). Repasser avec un fer très chaud. Le blanc d'œuf va cuire en imprégnant les fibres et les coller entre elles. Le raccord sera peu visible.

Aiguille

• Si vous avez du mal à faire passer du fil dans le chas d'une aiguille, trempez-le dans le vernis à ongles. Ainsi, il raidira, ce qui facilitera la tâche.

• Pour qu'il ne se forme pas de nœuds, passez un morceau de savon sec sur votre fil et n'enfilez pas le bout que vous venez de couper.

Antimite

La naphtaline est l'antimite le plus réputé, mais son odeur (comme celle de l'essence de térébenthine, qui détruit ses larves) incommode les insectes comme les humains. On peut la remplacer par des clous de girofle placés dans une soucoupe ou piqués dans un coing, un sachet de lavande ou de menthe, du bois de cèdre, ou encore un coton imbibé d'essence de serpolet.

Tissus et Vêtements

Bas nylon / Collants

• Avant de porter vos bas et collants en nylon, rincez-les à l'eau tiède, faites-les sécher à plat et repassez-les avec un fer doux pour les rendre moins fragiles.

• Pour enfiler plus facilement des collants, sucrer leur dernière eau de rinçage.

• Pour arrêter une maille filée sur un collant, plusieurs méthodes : mettre sur l'accroc une goutte de vernis à ongles incolore ; un peu de savon sec ; une pointe de colle ; un nuage de laque pour les cheveux.

Bouton

Si un bouton menace de tomber, faites-le temporairement tenir à l'aide de quelques gouttes de vernis à ongles (sans tacher le vêtement).

Brosse

Pour nettoyer une brosse à habits, la tremper dans un mélange épais d'eau et de son, frotter les poils les uns contre les autres, bien rincer à l'eau tiède et laisser sécher.

Canevas

Pour nettoyer un canevas, utiliser une brosse douce imprégnée d'une solution d'ammoniaque (1/3 d'ammoniaque pour 2/3 d'eau).

 *Trucs et conseils à l'ancienne*

Chaussettes

Pour avoir des chaussettes toujours blanches, les faire bouillir dans une eau à laquelle on ajoutera quelques rondelles de citron.

Chewing-gum

Pour enlever du chewing-gum pris dans du tissu, prendre un cube de glace et le mettre sur le chewing-gum qui durcira ; on le grattera ensuite.

Ciseaux

• Pour aiguiser des ciseaux, le procédé le plus classique consiste à couper une feuille de toile d'émeri (ou du papier de verre très fin) avec la paire de ciseaux à aiguiser. • Autre solution : les laisser tremper toute une nuit dans un mélange constitué d'1/3 de pétrole et de 2/3 d'huile de table.

Col

• Si le col d'un manteau ou de veste de *daim* est sale ou taché par la sueur, il suffit de le frotter avec de la mie de pain fraîche.

• Pour amidonner un col, utiliser l'eau de cuisson du riz ; on la sale et on y fait tremper le col, que l'on repasse ensuite, humide, entre 2 serviettes ou 2 pattemouilles.

Tissus et Vêtements

Coton

• Pour éviter que des vêtements en coton rétrécissent au lavage, les faire tremper 12 heures dans de l'eau froide légèrement salée.

• Pour enlever des taches de bière sur du coton blanc, faire tremper dans un bain composé d'1 volume d'eau de Javel pour 14 volumes d'eau. Au bout de quelques minutes, retirer le tissu et faites-le tremper dans de l'eau additionnée de quelques gouttes d'ammoniaque.

Dentelles

• Les dentelles resteront fraîches si vous les mouillez d'eau sucrée avant de les repasser.

• Pour donner à des dentelles ce ton ivoire qui les rendra anciennes, on les laisse tremper dans du thé après les avoir lavées.

• Pour empeser les dentelles, les tremper, avant de les faire sécher à plat, dans une eau très sucrée.

Fer à repasser

• Pour nettoyer la semelle d'un fer à repasser, qui commence à laisser des traînées jaunes sur le linge, la frotter avec un coton imbibé de vinaigre d'alcool et trempé dans du sel fin. Bien essuyer ensuite.

- On peut aussi la frotter (tiède) avec une moitié de citron.
- Si la semelle accroche : la frotter avec une toile d'émeri très fine, recouverte d'un linge. Ou encore avec un morceau de savon sec, alors que la semelle est encore chaude ; puis essuyer avec une feuille de papier journal.
- *Fer à repasser à vapeur* : avec un coton tige ou un cure-pipe imprégné d'eau savonneuse concentrée, nettoyer les trous par lesquels s'échappe la vapeur. S'il est entartré, le remplir de vinaigre d'alcool et le laisser chauffer jusqu'à évaporation complète avant de l'utiliser de nouveau (cette opération est déconseillée sur les modes d'emploi proposés par les fabricants ; vous ne l'utiliserez que sur du matériel ancien, qui n'est plus sous garantie).

Fermeture à glissière

- Pour éviter qu'une fermeture à glissière ne se coince, l'enduire d'un peu de vaseline après chaque lavage.
- On peut aussi, pour rendre une fermeture à glissière plus mobile, la frotter avec une bougie.
- Si une fermeture à glissière est coincée, la frotter avec une mine de crayon gras.

Tissus et Vêtements

Feutrage

Pour défeutrer un lainage, on peut le tremper dans l'eau de cuisson, refroidie, de 1 kg de haricots blancs. On laisse le lainage dedans 10 minutes tout en massant lentement. L'essorer à plat en le disposant entre 2 serviettes éponge.

Gants

Autrefois, l'usage était de ne pas porter de gants si on ne portait pas de chapeau. Le gentleman pouvait, pour le sport et la voiture, porter de gros gants en cuir naturel. Avec un smoking, les gants blancs sont de rigueur. Un homme laisse ses gants au vestiaire. Une jeune fille, lorsqu'elle abandonnait son gant à un soupirant (afin qu'il le lui rapporte!), lui signifiait qu'il était l'élu de son cœur. C'est pourquoi, lorsqu'on voulait dénoncer la frivolité d'une dame, on disait qu'elle avait « oublié ses gants ».

Jeans

• Pour fixer la couleur d'un jean, il faut le mettre à tremper quelques heures dans de l'eau froide très salée. • Quand on lave un jean, il faut le retourner avant de le mettre dans la machine à laver, afin qu'il garde sa couleur.

Laine

Pour remplacer les produits destinés au lavage des articles délicats en laine, prendre du shampooing : c'est moins cher et aussi efficace.

Lustrage

Pour délustrer des tissus (cravates, par exemple), les étendre au-dessus d'une marmite où l'on maintient de l'eau en ébullition. La vapeur d'eau, en pénétrant le textile, lui rend son aspect initial.

Napperon

Pour amidonner des napperons, utiliser l'eau de cuisson des pâtes alimentaires.

Ourlets

• Si l'ourlet d'une robe ou d'une veste est en train de se défaire, faites-le temporairement tenir à l'aide de quelques gouttes de vernis à ongles judicieusement placées.

• Pour faire un ourlet sur un vêtement en tissu épais, plutôt que d'utiliser du fil ordinaire, qui risque de déformer le tissu et de se casser, cousez-le avec du fil élastique.

• Pour qu'un ourlet soit plus solide, faire tous les 10 centimètres environ 3 ou 4 points les uns sur les autres.

Rapiéçage

• Dentelez les bords d'une pièce thermocollante avant d'appliquer le fer dessus, elle collera mieux.

• Avant de poser une pièce thermocollante, glissez du papier d'aluminium sous le trou à réparer pour que la pièce ne colle pas à la housse de la table de repassage.

• Pour décoller une vieille pièce thermocollante, repassez-la au fer chaud.

Rideaux

Pour qu'ils tombent bien, insérer de petits boulons (retenus par un fil lâche qui passe en leur centre) dans l'ourlet.

Soie

• La soie doit être lavée à l'eau froide, et ne pas être séchée au soleil.

• Pour nettoyer une écharpe de soie, opération délicate, la plonger dans des blancs d'œufs battus en neige et de la remuer lentement. La rincer ensuite à l'eau tiède, et la repasser encore humide.

• Pour faire briller la soie, la faire tremper après lavage dans de l'eau vinaigrée.

• On peut, à efficacité égale, remplacer les produits de lavage des articles en soie par du shampooing.

Taches

• *Tache de chocolat :* pour enlever une tache de chocolat, laver à l'eau froide ou avec un mélange d'eau savonneuse et de trichloréthylène.

• *Tache de cire :* en cas de tache de cire sur un tissu, utiliser un fer à repasser tiède et un papier essuie-tout. Placer le papier sur la tache, passer dessus le fer tiède ; la cire, en fondant, s'imprégnera dans le papier.

• *Tache de colle :* pour l'enlever, essayer l'eau tiède ; si cela ne suffit pas, utiliser l'acétone.

• *Tache d'encre :* sur tissu non fragile : un peu de lait tiède ou du jus de citron, un rinçage abondant et les taches disparaîtront. Sur tissu fragile : une fois la tache sèche, saupoudrer avec un peu de poudre à récurer et frotter jusqu'à disparition. *Encre rouge :* badigeonner de moutarde et laisser agir plusieurs heures.

• *Tache de fraise :* pour enlever une tache de fraise, tremper dans de l'eau légèrement javellisée.

• *Tache de framboise :* pour enlever une tache de framboise, utiliser de l'eau oxygénée et du jus de citron.

• *Tache de graisse :* pour enlever une tache de graisse, la laver au savon, si elle vient d'être faite. Si elle est déjà ancienne, la tamponner avec du tétrachlorure de carbone.

Tissus et Vêtements

• *Tache d'herbe :* pour enlever la trace verte d'une tache d'herbe, frotter avec de l'alcool à brûler et laver.

• *Tache d'huile :* pour l'enlever (idem pour la peinture à l'huile), frotter avec de la térébenthine, de l'éther ou de l'alcool puis laver à l'eau savonneuse.

• *Tache de moisissure :* pour l'enlever, la frotter avec une tomate, mettre du sel et faire sécher le tissu au soleil. On peut aussi tremper le tissu dans du petit-lait chaud (le petit-lait est le liquide blanc obtenu après le barattage du beurre ou lors de la fabrication de fromage), puis le rincer.

• *Tache de nicotine :* pour l'enlever, utiliser de l'ammoniaque et de la glycérine.

• *Tache d'œuf :* pour l'enlever, ne jamais utiliser d'eau chaude, mais uniquement de l'eau froide. Pour une tache de jaune d'œuf, laver à l'eau savonneuse puis à l'eau oxygénée.

• *Tache de résine :* pour enlever une tache de résine, utiliser de l'essence de térébenthine (de l'alcool à 90° si le tissu est très délicat) puis laver.

• *Tache de rouge à lèvres :* pour enlever une tache de rouge à lèvres, frotter avec un tampon d'éther ou de trichloréthylène, puis laver.

• *Tache de rouille :* pour l'enlever, la frotter avec de la pulpe de citron et repasser à fer chaud.

• *Tache de sang :* pour enlever une tache de

sang, ne jamais utiliser d'eau chaude, mais uniquement de l'eau froide.

• *Tache de sucre :* procéder comme pour les taches de sang.

• *Tache de stylo bille :* pour enlever des traces d'encre de stylo bille sur du tissu, arroser la tache avec du fixatif à cheveux ; laisser sécher et frottez. L'alcool à 90° enlève aussi les taches de stylo à bille et les marques laissées pas le ruban d'une machine à écrire ou d'une imprimante. Faire auparavant un essai sur un petit bout de tissu avant de vous attaquer à la tache.

• *Tache d'urine :* pour enlever une tache d'urine, utiliser de l'eau faiblement ammoniaquée. On peut aussi, pour ôter les taches d'urine de chat ou de chien sur un tissu, le frotter avec du vinaigre blanc.

• *Tache de vin :* sur une tache de vin rouge qui vient d'être faite sur une nappe, verser dessus… du vin blanc. Puis la recouvrir de sel. Quand le vin blanc aura absorbé le vin rouge, et que le sel aura absorbé le vin blanc, frotter la tache avec un linge humide imbibé de vinaigre. Rincer à l'eau froide.

Tissu

Pour reconnaître de quoi est composé un tissu, il faut en tirer quelques fils et les faire brûler. La laine, comme la plupart des fibres animales, se consume lentement en grésillant ; la soie, elle aussi, se consume lentement, mais avec une odeur de corne brûlée ; le coton, comme la plupart des fibres végétales, flambe d'un coup.

Le fil de lin se rompt plus difficilement que le fil de coton ; il offre, après rupture, une section nette, tandis que le coton se rompt en filaments qui frisent légèrement. Si on les trempe dans de l'huile, et qu'on les presse, les fils de lin deviennent translucides, ceux de coton restent opaques.

• Pour soigner ses tissus, il fut, lorsqu'on ne les utilise pas, les enfermer dans des boîtes ou les envelopper dans des sacs en papier, afin de les protéger des insectes (mettre de la naphtaline ou un sachet de poivre), et de la lumière solaire, qui peut altérer leurs coloris.

• Ne jamais, au risque de les érailler, nettoyer les tissus délicats avec des brosses trop dures.

Vêtements (choix)

Les considérations hygiéniques ci-après sur le choix du vêtement selon les saisons sont extraites d'un ouvrage de 1923. Au-delà de leur aspect désuet, résument des siècles d'usage vestimentaire, d'avant l'invention des tissus synthétiques.

Le vêtement doit chauffer en hiver et abriter contre la chaleur en été, préserver du vent, de la pluie, des poussières, des frottements… Il sera ample pour assurer l'aération du corps et les mouvements nécessaires, surtout au cou, à la ceinture, aux membres ; il sera perméable aux gaz pour faciliter l'évaporation des sueurs, mou et léger quoiqu'assez épais, l'hiver, et ne pas être trop long pour ne pas traîner sur le sol, toujours souillé.

La laine est le meilleur des vêtements car elle présente ces qualités, et en outre absorbe très lentement l'eau de pluie, d'où peu de risque de refroidissements. On voit par là l'utilité de porter flanelle sous la chemise.

La chemise sera en coton, car la toile absorbe la sueur et la garde, tandis que le coton la laisse évaporer plus facilement. L'hiver, au-dessus de la chemise, il faut porter un gilet ou un tricot de laine, dont l'air emprisonné dans les mailles forme édredon protecteur contre le froid. De même, l'hiver, il faut s'habiller d'étoffes épaisses, emmagasinant l'air… Privilégiez donc la laine pour les tissus d'hiver, le fil pour les tissus d'été.

Chaussures & Cuirs

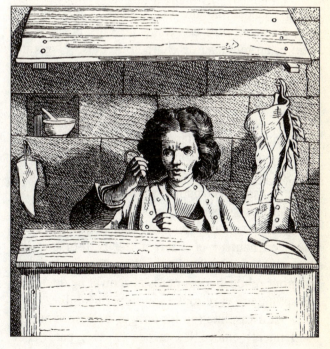

Le savetier

Bottes

Pour enfiler et enlever facilement des bottes, coller à l'intérieur, sur toute la longueur de la tige en partant du talon, un ruban de satin qui permettra au pied de glisser sans difficulté.

Chaussures

• Si vos chaussures sentent mauvais, mettez dedans, pendant la nuit, 1 sachet (une vieille chaussette fera l'affaire) contenant un gros bouquet de thym et un morceau de charbon de bois. • 1 goutte d'huile essentielle de pin dans chaque chaussure fera aussi disparaître les mauvaises odeurs.

• Les bébés portent volontiers leurs chaussures à leur bouche. Nettoyez-les souvent avec du lait démaquillant à la lanoline.

• Pour que les chaussures mouillées sèchent sans se déformer, bourrez-les de papier journal chiffonné. Changez le papier au besoin, s'il est trop humide. Faites-les sécher en les accrochant par les talons à un meuble ou une chaise afin qu'elles soient en hauteur et s'aèrent mieux. Lorsque les chaussures sont sèches, en enduire le cuir de vaseline pour reboucher les pores afin qu'il ne devienne pas spongieux et retrouve son imperméabilité.

• La vaseline (ou les cirages et crèmes qui en contiennent) enlève les taches causées par l'eau.

Chaussures et Cuirs

Laissez bien pénétrer avant de polir. Pour redonner de l'éclat au cuir verni, frottez avec du lait écrémé tiède ou de l'huile d'olive ou encore utilisez un lait démaquillant.

• Si le cuir des chaussures garde des traces blanches de calcaire après avoir pris l'eau, les nettoyer avec un mélange ainsi composé : 1 cuillerée à soupe de vinaigre blanc (15 ml) délayé dans 4 cuillerées d'eau (60 ml). Enduire ensuite d'un corps gras pour éviter la formation de fissures dans le cuir, et polir.

• Il ne faut jamais laisser sécher des chaussures en cuir près d'une source de chaleur sinon le cuir durcira et se craquellera.

• Pour enlever une tache sur du *cuir clair*, la frotter avec un chiffon imprégné d'essence.

• Pour entretenir du *cuir clair*, étaler dessus, avec un tampon propre, du blanc d'œuf battu en neige ; polir avec un chiffon de laine.

• Pour enlever une tache sur du *cuir foncé*, la frotter avec l'intérieur d'une peau de banane.

• Le lait écrémé tiède et le jus de citron constituent des produits d'entretien efficaces pour les *chaussures vernies*.

• Pour enlever les plaques brillantes des *chaussures en daim* dues à l'usure, redresser les poils en les frottant avec du papier de verre très fin, ou exposer ces plaques à de la vapeur d'eau. • Si le daim est taché superficiellement, le frotter avec du pain rassis. • Si le daim comporte une tache grasse, la frotter avec un coton imbibé d'éther.

• Autres cirages naturels : un oignon coupé en 2, 1 blanc d'œuf battu en neige ou de l'huile d'olive.

Cuir

• Si le cuir déteint, le frotter avec un chiffon imbibé d'alcool à brûler.

• Si le cuir des bottes ou des souliers se durcit, l'enduire d'un peu de pétrole et surtout ne pas les mettre près d'une source de chaleur.

• Si le cuir est moisi, le brosser, le nettoyer avec de l'essence de térébenthine puis le recouvrir d'une fine couche de glycérine. • Autre solution : frotter les taches avec de la vaseline, puis polir.

• En cas d'accroc sur le cuir, mettre un peu de colle sous la coupure, puis, pour faire adhérer la lamelle de cuir à l'ensemble, faire rouler une bille sur la partie traitée. Bien laisser sécher avant de cirer et polir.

• Taches de graisse sur du cuir : appliquer une pâte faite d'alcool à brûler et de craie pilée, et laisser sécher. Ensuite, brosser délicatement la pâte.

• Pour recoudre un cuir qui résiste à l'aiguille, piquer (avec un dé sur le doigt), avant chaque point,

Chaussures et Cuirs

l'aiguille dans du savon afin qu'elle pénètre mieux. Le fil peut, lui aussi, pour mieux glisser, avoir été au préalable trempé dans l'huile ou passé sur un morceau de beurre.

• En cas de taches d'encre sur du cuir, frotter avec un peu de jus de citron.

• Pour redonner un beau lustre à un sac à main en cuir, frottez-le avec un chiffon imbibé d'1 œuf battu additionné d'un peu de vinaigre blanc.

• Pour enlever du cambouis sur du cuir, l'enduire de vaseline, laisser agir et essuyer le tout.

• Contre les traces de doigts sur le cuir verni, frotter le cuir avec du lait froid et un chiffon doux. Laissez sécher avant de polir.

Lacets

Lorsque l'embout d'un lacet est arraché, tremper le bout du lacet dans du vernis à ongles incolore, afin de pouvoir le passer facilement dans les œillets.

Semelles

• Pour que les *semelles de crêpe* des chaussures restent propres, les enduire de glycérine, puis le lendemain, les saupoudrer de talc. Répéter cette opération au besoin.

Trucs et conseils à l'ancienne

• Ne portez pas de semelles de caoutchouc ou de crêpe si vous allez danser, le parquet en garderait des traces, et vous-même aurez du mal à virevolter.

• Certaines chaussures sont… bruyantes : elles grincent quand on marche. Afin de les rendre silencieuses, laisser tremper pendant une journée leurs semelles dans une cuvette contenant un fond d'huile de lin. Égouttez et laissez sécher.

Talons

Pour éviter qu'ils s'éraflent trop rapidement, recouvrir les talons des chaussures neuves de vernis à ongles incolore.

Verre, Métaux & Bibelots

Le marchand d'encre

Acier

Pour nettoyer de l'acier (celui de couverts, par exemple), utiliser une pâte faite d'un mélange d'huile et de cendre de bois. Bien rincer et essuyer.

Aluminium

• Pour donner à des objets en aluminium l'aspect mat de l'argent, on les frotte avec une solution faite d'eau chaude très salée additionnée d'une bonne cuillerée à soupe de bicarbonate de soude. Rincer avant de laisser sécher.
• Pour nettoyer de l'aluminium, utiliser du sable fin ou de la coquille d'œuf pilée.

Bois (bibelots en)

• Un œuf battu additionné d'un peu de vinaigre blanc est un bon nettoyant pour les bibelots en bois. • Pour supprimer traces et salissures, frotter les taches avec du marc de café tiède.

Bougies

• Pour prolonger la durée de vie des bougies, mettre quelques grains de gros sel au pied de la flamme, ou l'entreposer dans un congélateur pendant plusieurs heures avant de l'utiliser. Cette méthode à de plus l'avantage de limiter l'importance des coulures…

Verres, Métaux et Bibelots

• Pour éviter les coulures de bougie, frotter celles-ci avec du savon humide ou laissez-les tremper pendant une nuit dans de l'eau fortement salée.

• Si la base d'une bougie est trop large pour le bougeoir, la tremper dans de l'eau très chaude et la fixer sans tarder au bougeoir en appuyant fortement.

• Pour entretenir des bougies de couleur, les brosser à l'eau savonneuse ou les frotter avec un tampon imbibé d'alcool à brûler.

• Récupérez la cire écoulée de vos bougies pour en frotter les parois des tiroirs de bureau ou de commode qui s'ouvrent mal.

Bouteilles / Carafes

• Pour faire redevenir transparentes des bouteilles ou des carafes ayant contenu de l'huile, les nettoyer avec du marc de café humide.

• Pour nettoyer bouteilles et carafes (même en cristal), on les remplit de coquilles d'œufs pilées et de sable fin mélangés à de l'eau. On agite longtemps et l'on rince soigneusement.

• Pour rendre son éclat à du verre terni, le remplir de petits dés de pomme de terre crue ou d'épluchures de pommes de terre (quand on les y fait bouillir, elles attaquent le calcaire du récipient), couvrir d'eau et agiter. Si le verre est encore mat, laisser macérer 2 jours pomme de terre ou épluchures.

Bronze

Pour nettoyer un bronze, mélanger en proportions égales de l'eau, de l'ammoniaque, du vinaigre et de l'alcool. Trempez une brosse à dents dans cette préparation et frottez le bronze. Séchez au chiffon de flanelle.

Buée sur un miroir

Pour éviter la formation de buée sur un miroir de salle de bain, le frotter avec un morceau de savon sec ou avec de l'alcool à 90°, ou encore avec un tampon ou une éponge imbibée de quelques gouttes de shampooing.

Cadres

• On fixe généralement un cadre à la hauteur de l'œil. Si vous n'arrivez pas à le garder droit, collez un morceau de ruban adhésif double face sur l'un des coins inférieurs.

• Pour nettoyer un cadre en métal, passer dessus une éponge imbibée d'eau légèrement vinaigrée.

• Pour nettoyer un cadre en bois laqué, passer dessus une éponge imbibée d'eau légèrement savonneuse puis rincer.

• Pour nettoyer un cadre doré, dépoussiérer avec une brosse souple, puis nettoyer la dorure avec de l'eau savonneuse.

• Pour nettoyer un cadre en bois ciré, ôter la poussière avec un chiffon sec puis le cirer à l'essence de térébenthine, avant de le faire briller au chiffon de laine.

Cendrier

• Si des taches de nicotine subsistent dans un cendrier, malgré un lavage à l'eau savonneuse, il faut le frotter avec un bouchon de liège trempé dans du sel fin.

• La plupart des taches de nicotine partent quand on les nettoie avec de l'ammoniaque et de la glycérine.

Chrome

• Pour faire disparaître les taches sur le chrome et le rendre étincelant, frotter avec un linge doux imbibé d'alcool. Bien essuyer.

• Pour nettoyer le chrome, on peut aussi le frotter avec de la farine ou de la fécule de pomme de terre.

• Pour protéger les chromes de la rouille, les frotter avec un chiffon imprégné d'un peu de ciment en poudre. On peut aussi passer dessus un chiffon imbibé de glycérine.

• Pour faire briller les chromes, frotter avec de la cendre de cigarette, puis rincer et polir.

Cristal

• Les verres en cristal sont très fragiles; pour éviter de les casser en les essuyant, les rincer dans de l'eau vinaigrée et les laisser sécher, à l'envers, sur un torchon propre. L'eau vinaigrée dissout le calcaire et rend le cristal plus brillant.

• Pour nettoyer le cristal, éviter les poudres à récurer. Mélanger plutôt du gros sel et du vinaigre à un liquide vaisselle.

• Une carafe ou un vase en cristal retrouveront leur éclat si on y met du sable fin ou des coquilles d'œufs que l'on recouvre d'eau. Après avoir agité, on rince plusieurs fois à l'eau claire. Le cristal sera étincelant.

• Il faut, pour les garder brillants, nettoyez de temps en temps avec un peu d'alcool à 90° les bibelots en cristal.

• Lorsqu'on lave un objet en cristal, on ajoute, pour le rendre brillant, quelques gouttes d'ammoniaque dans l'eau de lavage et un peu de vinaigre à celle du rinçage.

Cuivre

• Le *vert de gris* sur les pièces de cuivre disparaît si on les frotte avec du jus de citron et du sel. Si le mal est important, du sel de mer dissous dans du vinaigre bouillant et frotté sur les taches les fera

Verres, Métaux et Bibelots

disparaître. Souvent, il suffit de frotter avec une poignée d'oseille pour venir à bout du vert de gris.

• Pour un *cuivre très sale*, confectionner une pâte constituée d'une poignée de farine, de 500 g de gros sel, d'un peu de jus de citron et de 3 blancs d'œuf. Cette pâte peut être conservée dans une boîte hermétique.

• Pour traiter un *cuivre légèrement oxydé*, on l'humecte avec du vinaigre dans lequel on a fait dissoudre un peu de gros sel. Bien brosser les ciselures pour les nettoyer.

• Pour un *cuivre très oxydé*, l'immerger complètement dans de l'eau de Javel bouillante (mais le procédé risque de l'endommager) ou l'immerger dans une solution de cristaux de soude (2 poignées par litre d'eau) saturée de sel de mer ; porter à ébullition, puis rincer, sécher et polir.

• Pour astiquer un *cuivre ciselé*, le frotter avec un chiffon imbibé d'eau ammoniaque, puis le brosser au jus de citron. Ou encore le frotter directement avec un demi-citron.

• Pour astiquer un *cuivre doré*, le frotter avec une solution comprenant 1 blanc d'œuf et 1 cuillerée à soupe d'eau de Javel.

• Si vous manquez de nettoyant pour vos cuivres, utilisez du ketchup. Rincez ensuite au savon doux et à l'eau tiède.

• Pour espacer les séances d'astiquage des cuivres, les enduire d'une fine couche d'encaustique.
• Pour patiner des cuivres, les plonger dans de l'eau de cuisson de champignons, puis les essuyer soigneusement.

Étains

• Pour un entretien courant des étains, l'eau savonneuse et une brosse suffisent.
• Si l'étain est encrassé, le frotter avec un chiffon de papier journal imbibé de pétrole. Ou le laver avec de l'eau de cuisson d'oignons.
• Si l'étain est vraiment très encrassé, le laisser pendant plusieurs jours dans du pétrole, puis le brosser énergiquement et bien le sécher
• Pour obtenir une patine ancienne sur les étains mats, les frotter avec un chiffon doux imbibé d'un mélange de blanc d'Espagne et d'huile d'olive, avant de les polir avec un bouchon de liège.
• On peut raviver la patine en utilisant de la bière chaude ou du marc de café avant de les polir.

Fer forgé

Pour retirer la rouille d'objets en fer forgé de petites dimensions, les mettre dans un bain de pétrole pendant quelques heures et les frotter ensuite avec un chiffon.

Verres, Métaux et Bibelots

Inox

Pour nettoyer des objets en inox, utiliser de l'eau savonneuse, rincer puis faire briller avec une peau de chamois.

Ivoire

• Pour redonner sa couleur à un *ivoire jauni*, faire dissoudre 2 cuillerées à soupe de gros sel dans un peu de jus de citron. Frotter l'ivoire avec ce mélange et polir ensuite à l'aide d'un morceau de tissu de soie.

• Pour blanchir un *ivoire ancien*, on peut le tremper dans du lait puis le sécher au soleil. On peut aussi le frotter avec 1/2 citron trempé dans du sel fin, puis le laver et l'essuyer aussitôt.
• Autre méthode, à n'employer qu'en été et par beau temps, un bain dans de l'eau oxygénée ou dans de l'essence de térébenthine, avant d'exposer l'ivoire pendant 3 ou 4 jours au grand soleil.

• À l'inverse, pour patiner un ivoire « trop frais », et lui donner un aspect ancien, on peut l'immerger dans du café fort et sucré. Essuyer immédiatement, puis polir.

• L'ivoire a besoin d'humidité. La sécheresse de l'atmosphère l'endommage ; il risque alors de se fendiller, voire de se casser. Disposez vos bibelots en ivoire près de vases à fleurs ou de plantes vertes.

Jade

• Le jade, pierre fine d'un vert plus ou moins soutenu, est d'un entretien délicat. Pour le protéger de la poussière, le cirer avec une cire liquide, puis le polir avec un tissu en laine.

• Pour le nettoyer, utiliser un tampon de coton imbibé d'eau légèrement vinaigrée.

Livres

• Pour protéger les livres de votre bibliothèque contre l'humidité, placer sur les rayonnages une soucoupe remplie de chlorure de calcium, ce qui aura pour effet de déshydrater l'atmosphère.

• Si l'humidité a déjà fait des ravages sur des livres anciens, saupoudrer du talc entre chaque feuille, le répartir avec un tampon de ouate. Presser ensuite le livre afin que les feuilles redeviennent presque plates. Secouer le livre lorsque le talc aura absorbé toute l'humidité.

• Les insectes qui rongent les vieux livres sont allergiques au thym. Vaporiser de temps en temps de l'essence de thym dans une bibliothèque en protégera les livres.

• Lorsque les tranches des livres portent des déjections de mouches, serrer le livre entre 2 planchettes, puis brosser cette tranche, et la frotter jusqu'à disparition des taches avec une flanelle

Verres, Métaux et Bibelots

imbibée d'alcool à brûler contenant 5 % d'ammoniaque. Essuyer avec un tampon sec et laisser sécher le livre avant de desserrer l'étau ou les serre-joints.

• Pour enlever une tache de graisse sur une feuille de papier, tamponner la tache avec un chiffon imbibé d'essence puis saupoudrer de talc. Lorsque le talc a absorbé l'essence qui elle-même a dissous la graisse, brossez légèrement.

Lunettes

• Pour ôter les moirures de vos verres de lunettes, nettoyez-les avec quelques gouttes de vinaigre ou de vodka.

• Passez vos verres sous l'eau tiède, ajoutez une goutte de savon liquide (ou de liquide vaisselle) sur chaque verre et faites mousser avec vos doigts. Rincez ensuite sous l'eau courante tiède et séchez avec un linge doux.

• Ne pas frotter les verres avec un papier mouchoir ; il ne fait qu'étaler les graisses sur la surface du verre.

• Pour éviter que vos verres de lunettes se couvrent de buée, frottez-les avec un morceau de savon sec et essuyez-les.

• Pour maintenir les vis des branches de vos lunettes, et éviter de les perdre, déposez sur la tête de vis une touche de vernis à ongles incolore.

Trucs et conseils à l'ancienne

• Si les verres de lunettes sont – légèrement – rayés, et en attendant que l'opticien les change, on peut les frotter avec un coton imprégné de cendre de cigarette.

Miroir / Vitre

• Pour rendre un miroir étincelant, le frotter avec un linge imbibé de thé froid.

• Pour laver vitres et miroirs, utilisez de l'eau chaude savonneuse, puis rincez avec une solution composée de vinaigre blanc (1/5) et d'eau (4/5) et essuyez ensuite avec du papier journal froissé et bouchonné. • Par temps froid, on peut ajouter un peu d'antigel au liquide nettoyant.

• Autre méthode : frotter le miroir ou la vitre avec un tampon de papier journal imbibé d'un mélange composé de 2/3 d'eau et d'1/3 de vinaigre. L'essuyer ensuite avec un chiffon sec.

• On obtient également des résultats en frottant miroirs et vitres avec 1/2 pomme de terre crue et en rinçant ensuite avec de l'eau légèrement additionnée d'alcool à brûler.

• Traces de doigts : inutile de nettoyer toute la vitre ou tout le miroir ; frottez les traces avec un chiffon imbibé d'eau ammoniaquée.

• Pour éviter que la poussière ne colle sur toute surface recouverte d'une vitre, nettoyez-la avec un linge imbibé d'une solution composée d'assouplissant à lessive liquide (1/4) et d'eau (3/4). Ce mélange marche aussi pour les vitres des fenêtres.

• Lorsqu'on repeint une fenêtre, pour éviter la peinture sur les vitres, il faut les passer au vinaigre. La peinture s'enlèvera facilement.

Nickel

Pour nettoyer des objets nickelés, mélanger de la poudre à récurer avec un peu d'huile de table jusqu'à l'obtention d'une pâte malléable. En frotter les objets et les polir ensuite avec une peau de chamois.

Peau de chamois

• Pour remplacer une peau de chamois, notamment pour lustrer des métaux, on utilisera un linge propre saupoudré de farine.

• Pour une meilleure adhérence de la poussière à une peau de chamois (ça marche aussi pour un chiffon), le baigner dans de l'eau additionnée de glycérine.

Perçage

• Pour percer du verre, opération délicate, verser 1 goutte d'essence de térébenthine sur le point à percer et veiller à ce que la pointe du foret de la perceuse, bien perpendiculaire, baigne dans cette goutte.

Trucs et conseils à l'ancienne

• Pour percer un carreau de céramique, afin d'éviter que la mèche de la perceuse ne dérape, coller un ruban adhésif transparent sur la marque de l'endroit à percer. La mèche mordra dans le carreau sans glisser.

Photographies

Pour enlever les empreintes de doigts sur les photographies, vaporiser du fixatif à cheveux sur les taches et polir avec un linge doux.

Plâtre

Les statues en plâtre noircissent avec les poussières du temps. Pour leur rendre leur blancheur originelle, les recouvrir, avec un pinceau, d'une bouillie faite d'amidon et d'eau tiède. En séchant, la bouillie s'écaillera et il ne restera plus qu'à brosser la statue pour la débarrasser de l'amidon.

SANITAIRES

Le cureur de puits

Calcaire

• Pour faire disparaître les traînées jaunes laissées par le calcaire sur les appareils sanitaires, les saupoudrer de gros sel, et les arroser de vinaigre d'alcool chaud. • Dans une baignoire ou un évier, imbiber un linge de vinaigre et le laisser reposer sur le dépôt de calcaire quelques minutes.

Cuvette des toilettes

• Si la cuvette des toilettes est entartrée ou sale, versez-y deux tasses de vinaigre et laissez agir toute une nuit.

• Pour protéger une cuvette des toilettes des dégâts du gel, il suffit de verser une poignée de gros sel dans l'eau du fond.

Douche

• Pour nettoyer une *pomme de douche* dont les trous sont obstrués par le calcaire de l'eau, la laisser tremper 1 heure dans de l'eau additionnée de vinaigre et portée à ébullition. On peut activer le processus en frottant la pomme de douche avec une vieille brosse à dents.

• Pour nettoyer un rideau de douche de taches de moisissure et de calcaire, trempez-le 1 heure dans une eau tiède fortement vinaigrée.

Émail des lavabos

Pour un entretien régulier de l'émail des lavabos, frotter avec une moitié de citron. Pour un entretien en profondeur, le badigeonner avec de l'eau de Javel, laisser agir puis rincer.

Éponges

• *Éponge naturelle :* si vous faites bouillir de l'oseille, lavez votre éponge dans l'eau de cuisson et elle retrouvera l'aspect du neuf. Pour qu'elle dure, replacez-la de temps en temps dans de l'eau salée.

• *Éponge synthétique :* pour qu'elle redevienne comme neuve, l'imbiber de jus de citron, la recouvrir avec les morceaux de peau du citron et l'asperger d'eau bouillante. Laisser reposer plusieurs heures, puis rincer. • Autre méthode, un bain dans une solution d'eau tiède et de bicarbonate de soude. • On peut aussi la laisser tremper toute la nuit dans une eau chaude savonneuse additionnée d'une bonne part de vinaigre. Le lendemain, rincer plusieurs fois à l'eau fraîche.

Évier (mauvaises odeurs)

Si de mauvaises odeurs remontent dans un évier, le boucher avec un chiffon plié plusieurs fois et verser dessus du vinaigre bouillant.

Trucs et conseils à l'ancienne

Faïence

On redonnera de l'éclat aux faïences des lavabos et baignoires en les frottant régulièrement avec une éponge imbibée de vinaigre.

Lavabo

Pour nettoyer et dégraisser la tuyauterie d'un évier (ou lavabo), on y verse du marc de café et on l'évacue en laissant couler l'eau du robinet.

Robinetterie

Pour faire briller la robinetterie, la frottez-la avec un vieux collant roulé en boule. Ne pas utiliser de paille de fer ou de tampon qui l'érailleraient.

Savon recyclé

Plutôt que de les jeter, récupérez les restes de savon. Placés, avec du jus de citron et 1 cuillerée à thé de glycérine dans un bocal rempli à ras bord d'eau bouillante, ils donneront un savon liquide idéal pour se laver les mains.

Maquillage, Peau
& Soins des Cheveux

Le porteur d'eau pour le bain

Trucs et conseils à l'ancienne

Bain de citron

Mettez des écorces de citron frais dans un bas usagé accroché au robinet de la baignoire afin que l'eau coule au travers. L'eau de bain sera parfumée au citron et aura une action bénéfique sur la peau.

Bain relaxant

Pour un bain relaxant, et naturel, faire infuser 6 sachets de tisane de camomille dans de l'eau bouillante, durant 6 minutes. Verser la tisane dans l'eau du bain.

Brosse à cheveux

Nettoyer et désinfecter les brosses à cheveux en les laissant tremper toute la nuit dans une cuvette remplie d'eau, à laquelle on aura ajouté 1/2 tasse de vinaigre.

Brûlure

En cas de brûlure légère, mettre du miel : il rafraîchit et forme une couche protectrice sous laquelle les tissus cicatrisent rapidement.

• Sur la brûlure (légère) on peut aussi faire un cataplasme de fleurs de lys macérées dans de l'huile d'olive, ou y appliquer du blanc d'œuf battu en neige, ou de la pomme de terre crue.

Cheveux

• Le jus de citron donne des reflets aux *cheveux naturellement blonds*. • Pour garder la blondeur des cheveux, ajouter un peu de camomille infusée dans l'eau de rinçage, après chaque shampooing.

• Pour donner une teinte mordorée à des *cheveux blancs*, il faut les rincer régulièrement avec une infusion de thé.

• Pour donner un reflet brillant aux *cheveux bruns*, les rincer avec une décoction de 3 poireaux cuits dans 1 litre d'eau froide.

• Pour redonner de l'éclat aux *cheveux châtains*, les rincer avec une décoction de feuilles de noyer (50 g de feuilles par litre d'eau froide).

• Pour domestiquer des *cheveux électriques*, il faut les peigner lentement avec des mains humides.

• Contre les *cheveux gras*, ajouter régulièrement du jus de citron à la dernière eau de rinçage. Imprégner de temps en temps le cuir chevelu d'huile avant de faire un shampooing.

• Pour rendre soyeux des *cheveux secs*, mélanger 2 jaunes d'œufs avec 1 cuillerée à café de rhum et 1 cuillerée à café d'huile de ricin.

• Pour avoir des *cheveux souples et brillants*, les frictionner avec le mélange suivant : 1 cuillerée à soupe d'huile de ricin, 2 cuillerées à soupe d'huile d'olive, 10 gouttes d'essence de thym. Après chaque shampooing, ajouter un filet de vinaigre ou de jus de citron à la dernière eau de rinçage.

• Pour avoir des *cheveux soyeux*, les rincer avec un mélange d'eau de rose et de rhum (en quantités égales).

• Pour redonner de l'éclat à des *cheveux ternes*, les frotter énergiquement avec un foulard de soie. Le jus de citron ravive les cheveux ternes.

Cheveux (chute)

• Les massages accélèrent la circulation et la pousse des cheveux. Appliquer de l'huile de genévrier ou de menthe sur le cuir chevelu et le masser du bout des doigts par petits mouvements circulaires.

• Pour ralentir la chute des cheveux, les laver avec de l'eau dans laquelle on a longuement fait bouillir du cresson. Avant chaque shampooing, masser le cuir chevelu avec un peu de sel marin et brosser longuement.

Chewing-gum dans les cheveux

• Pour enlever du chewing-gum collé dans les cheveux sans avoir à les couper, appliquer du beurre ou de l'huile de table et peigner délicatement.

• On peut aussi frotter le chewing-gum avec un glaçon, ou utiliser un chiffon imbibé de jus de citron qui figera la gomme.

Maquillage, Peau et Soins des Cheveux

Cors et durillons

• Contre les cors et les durillons, appliquer un cataplasme d'ail cru et d'huile d'olive. • Pour soulager l'inflammation, appliquer 3 fois par jour du jus de citron sur la partie douloureuse.

Courbatures du dos

En cas de dos courbaturé, se mettre à quatre pattes sur un lit, faire le dos rond puis creuser les reins. Recommencer une dizaine de fois, cela soulagera la douleur.

Démangeaisons

Pour calmer les démangeaisons d'une peau irritée, prendre un bain tiède, dans lequel on ajoutera 1/2 tasse de flocons d'avoine.

Écharde / Épine

• Pour extraire une écharde ou une épine, désinfecter puis faire un pansement imprégné d'huile. L'écharde, lubrifiée, glissera hors de la peau lorsqu'on appuiera (délicatement) autour.

• Autre méthode : faire un pansement de pétales de lis ayant macéré dans de l'alcool à 90°. On peut aussi tremper le doigt et son écharde dans un bol de lait chaud.

Trucs et conseils à l'ancienne

• Avant de retirer une écharde, frotter la partie de peau concernée avec un glaçon ; le froid la rendra moins sensible.

Épi

Pour domestiquer un épi de cheveux rebelle, l'humecter de jus de citron.

Fourmillements

• Les fourmillements que l'on ressent parfois dans les doigts sont dus à une mauvaise irrigation. On peut les faire cesser en trempant bras et avant-bras, pendant une trentaine de secondes, dans une cuvette d'eau aussi chaude que la peau peut le supporter, puis de les tremper, aussitôt après, dans une cuvette d'eau très froide. À faire 3 fois par jour pendant une semaine.

• On peut aussi, si l'on n'est pas dans sa salle de bains, s'asseoir le dos bien droit ; il faut tendre les bras vers le plafond, ouvrir et fermer les poings une douzaine de fois. Baisser les bras, se relaxer puis recommencer 3 fois. L'idéal est de le faire matin et soir pendant une semaine.

Gorge (mal de)

• Dès l'apparition du mal de gorge, écraser une gousse d'ail, la plonger dans 1/2 verre d'eau tiède et s'en gargariser toutes les heures.

• Sirop contre le mal de gorge : faire bouillir, dans 1 litre d'eau, pendant 30 minutes, 30 g de figues (sèches), 30 g de dattes, 30 g de raisins secs. On passe le liquide une fois tiède et on le boit tout en s'en gargarisant.

• Pour atténuer la douleur au fond de la gorge provoquée par une *angine*, faire des gargarismes d'eau salée citronnée. Pour faire tomber la fièvre, certains préconisent un bain de siège froid…

Hoquet

Pour faire passer le hoquet, sucer, sans parler, et en ralentissant votre respiration, 1 sucre ; les plus courageux l'imbiberont de vinaigre.

Lait démaquillant

Si vous manquez de lait démaquillant, utilisez du lait de vache. C'est aussi doux et aussi efficace.

Mains blanches

Pour blanchir la peau des mains et en éliminer les taches brunes dues à l'âge, il faut les frotter avec un demi-citron (ou les humecter de jus de citron).

Mains douces

Pour avoir des mains douces, plusieurs recettes dites de grand-mère : • les imprégner de purée de pommes de terre ; • mettre quelques gouttes de citron sur les mains après chaque lavage ; • baigner ses mains dans de l'eau chaude salée puis dans de l'eau chaude sucrée ; • s'enduire, pendant 20 minutes, les mains d'une pâte faite d'une quantité égale de miel et d'huile d'olive, avant de les rincer à l'eau tiède savonneuse.

Mains gercées et rugueuses

• Frotter les mains gercées ou abîmées avec de la glycérine. Garder cette pommade le plus longtemps possible sur la peau avant de la rincer.

• L'huile d'olive redonne de la douceur aux mains rugueuses. Les faire tremper pendant un quart d'heure une fois par semaine dans un bol contenant de l'huile d'olive.

• Pour des mains très abîmées, les masser, avant de dormir, avec de la vaseline, puis enfiler des gants de coton pour la nuit. Au matin, les gerçures auront quasiment disparu.

Mains moites

Pour éviter d'avoir les mains moites, les frotter avec de l'alcool camphré.

Maquillage, Peau et Soins des Cheveux

Mains (odeurs sur les)

Lorsqu'un simple lavage ne suffit pas, il faut :
• *odeur d'ail :* se laver les mains avec du marc de café ; • *odeur d'oignon :* froisser du persil entre ses doigts ; • *odeur de poisson :* frotter ses mains avec du sel avant de les laver ; • *odeur d'eau de Javel :* laver les mains avec de l'eau froide vinaigrée ; • *odeur de peinture :* rincer ses mains avec du jus de citron additionné d'eau.

• Le dentifrice, utilisé comme savon, élimine efficacement toutes odeurs malodorantes qui imprègnent les mains.

Mains tachées

Quand un simple lavage ne suffit pas à faire disparaître des mains les taches qui les maculent, on peut employer les trucs suivants :

• *Cambouis et goudron :* se nettoyer les mains avec de l'huile végétale. Les laver ensuite avec un bon savon.

• *Encre :* utiliser de l'alcool pour enlever de l'encre sur les mains, ou du jus de tomate, ou l'intérieur des pelures de banane.

• *Fruits et légumes :* quand on a épluché des fruits ou des légumes, on en fait disparaître les traces en se frottant les mains avec une pelure d'orange, du vinaigre ou avec du jus de citron.

• *Tabac et nicotine :* pour nettoyer les ongles et les doigts jaunis par la nicotine, plonger le bout des doigts dans du jus d'orange ou de citron fraîchement pressé. Attendre 2 minutes puis rincer.

Maquillage

• Pour qu'un maquillage tienne bien toute la journée, se frotter auparavant le visage avec une rondelle de citron. Ou vaporiser de l'eau minérale froide sur le visage une fois le maquillage terminé.

• Une touche de fard rose sur le lobe de l'oreille accentue l'éclat du visage.

• Pour durcir un bâton de rouge à lèvres ou un crayon de maquillage, il suffit de les mettre au réfrigérateur quelques heures.

Masques de beauté

• Passer la pulpe d'un concombre, y ajouter 2 cuillerées à soupe de yogourt nature, puis appliquer le tout sur le visage. Laissez agir une quinzaine de minutes avant de rincer à l'eau tiède.

• En masque, l'avoine redonne fraîcheur et élasticité à la peau. Diluer de la farine d'avoine dans de l'eau tiède, y ajouter 1 jaune d'œuf. Étendre cette pâte sur une compresse et appliquer celle-ci sur le front et les deux joues. Laisser 1/2 heure, puis laver à l'eau tiède et rincer à l'eau froide.

Maquillage, Peau et Soins des Cheveux

- Vous n'avez pas bonne mine ? 2 fois par semaine, appliquer une pâte faire de 2 cuillerées à soupe de gruau non cuit mélangé à du yogourt nature. Masser votre visage avec cette préparation et rincer à l'eau tiède.
- Un masque composé d'une tomate mûre et écrasée redonne aussi de l'éclat à votre visage. Laisser agir pendant une dizaine de minutes. Rincer votre peau à l'eau froide.
- Pour un teint frais, s'enduire le visage d'un blanc d'œuf légèrement battu avec un peu de jus de citron. Garder le masque 20 minutes, puis rincer à l'eau tiède.
- Pour les peaux grasses, mélanger un jaune d'œuf et quelques gouttes de citron. Appliquer cette préparation sur le visage, laisser reposer 1/4 d'heure, puis bien rincer.

Massage

Pour se relaxer, on peut se masser le corps avec quelques gouttes d'huile d'olive parfumée ou non. L'odeur de l'huile ne reste pas sur la peau.

Mise en plis

Pour une mise en plis rapide, humecter les cheveux avec de la bière avant de les fixer autour des rouleaux (attention, ils sèchent plus vite).

Nervosité

• Pour se calmer les nerfs, prendre une tisane de camomille, de fleur d'oranger ou un verre de lait.
• Prendre des bains de tilleul (infusion de six sachets versée dans l'eau de la baignoire).
• Manger des fruits secs.

Ongles cassants

• Lorsqu'on a les ongles cassants, les tremper 2 fois par semaine pendant 1/4 d'heure dans 1/2 tasse d'huile d'olive chaude additionnée d'un peu de jus de citron. Badigeonnez-les ensuite avec de l'alcool iodé.
• Le jus de citron nettoie et fortifie les ongles : après avoir pressé un citron, enfoncer doucement les ongles quelques secondes dans la pulpe.
• Badigeonner chaque jour le pourtour des ongles avec de l'iode et les tremper dans de l'eau tiède additionnée de quelques gouttes de citron.
• L'ail est un fortifiant. Si l'odeur ne rebute pas vos proches, frottez-en vos ongles régulièrement.

Ongles noirs

Lorsqu'on a les ongles noirs, à la suite de travaux salissants, tremper un coton tige dans de d'eau oxygénée et le passer sous les ongles.

Maquillage, Peau et Soins des Cheveux

Oreiller (relaxation)

Déposez quelques gouttes d'huile essentielle sur votre oreiller. Il sentira bon la lavande, et aura un effet relaxant.

Orgelet

On fait disparaître un orgelet en passant plusieurs fois dessus, au cours de la journée, une bague en or.

Paupières fripées

• Contre les paupières fripées ou gonflées (et les yeux rougis), appliquer une compresse imprégnée d'une infusion de camomille ou de thé froid.

• Un glaçon passé doucement sur les paupières aura également un effet bénéfique.

• Pour dégonfler les poches sous les yeux, faire des cataplasmes de pommes de terre crues râpées.

Peau douce

Pour avoir la peau douce, prenez des bains de lait : 3 litres de lait entier (de vache) dans l'eau de votre bain suffiront. Ainsi procédait Poppée, la belle et scandaleuse maîtresse de l'empereur Néron ; mais elle, c'était avec du lait d'ânesse, qui a l'inconvénient d'attirer les puces !

Trucs et conseils à l'ancienne

Peau

• Sur une *peau irritée*, appliquer régulièrement des compresses imbibées d'infusion de tilleul ou de camomille.

• Là où la *peau* est *rugueuse*, appliquer, au sortir du bain, un peu d'huile ordinaire ou de l'huile d'amande douce. Essuyer ensuite avec un tampon de coton ou du papier absorbant.

• Pour adoucir la *peau rugueuse* des articulations (genoux, talons, coudes), la frotter avec une moitié de citron, ou appliquer une compresse d'huile d'olive tiède pendant quelques minutes.

• Pour lutter contre la *peau sèche* du visage, appliquer pendant 10 minutes une purée d'avocat mélangée à de l'huile d'olive. Rincer à l'eau tiède.

• Autre recette, mélanger 1 jaune d'œuf, 1 cuillerée à soupe d'huile d'olive, 1 cuillerée à café de miel et le jus de 1/2 citron. Appliquer cette pommade sur le visage et laisser agir pendant 15 minutes. Rincer la peau à l'eau tiède, puis ensuite à l'eau froide.

• Pour avoir une belle peau, il faut manger des carottes (vitamine A).

Peigne

Pour nettoyer un peigne, le faire tremper dans de l'eau tiède légèrement additionnée d'ammoniaque. Idem pour une brosse à cheveux.

Pellicules

• Contre les pellicules, se masser le cuir chevelu avec une solution faite de 150 cl d'huile d'olive, 20 cl d'huile de ricin, 20 cl d'eau de Cologne.

• Autre recette, répartir du jus de citron sur la chevelure. Laissez-le pénétrer quelques minutes, puis laver les cheveux. Rincer avec une tasse d'eau mélangée au jus d'un demi-citron. Renouveler régulièrement ce traitement.

• Se laver les cheveux avec une décoction de prêle nettoie la tête de ses pellicules.

Pieds

• Pour se délasser les pieds, il faut les frictionner pendant 10 minutes après le bain avec un mélange d'huile d'olive et de jus de citron.

• Si vos pieds sont gonflés, faites des bains dans une cuvette avec une décoction de tussilage.

• Si vos pieds dégagent une odeur aussi forte que dérangeante, faites-les tremper dans de l'eau à laquelle vous aurez ajouté du vinaigre. Faire ce bain de pied pendant 1/4 d'heure 3 jours de suite. Parallèlement, vaporiser un mélange d'eau et de vinaigre dans vos souliers et bottes.

• Pour éviter l'inflammation des pieds lors de la marche, frottez l'intérieur de vos chaussettes avec du savon sec ou talquez-les avant de partir.

Piqûres

- Pour atténuer les effets douloureux d'une piqûre d'*abeille*, on peut la frotter avec du savon de Marseille humide.
- Pour calmer une piqûre de *guêpe*, ôter le dard, puis frotter la peau avec une gousse d'ail coupée en 2. • On utilise la même méthode pour les autres *insectes* ; on peut remplacer l'ail par l'oignon, ou frotter la piqûre avec des fleurs de lavande, voire, si l'on n'a rien d'autre, y faire couler un peu d'urine.
- Pour calmer la démangeaison d'une piqûre de *moustique*, la tamponner avec un coton tige imbibé d'eau de Javel et de jus de citron.
- Pour atténuer une brûlure de *méduse*, il faut la rincer à l'eau de mer, mais pas à l'eau douce.
- Si l'on marche sur un *oursin*, il faut enlever les épines une à une, après avoir enduit le pied d'huile, afin qu'elles sortent mieux de la peau.
- Lorsqu'on a été piqué par une *vive*, pour atténuer la douleur et annihiler les effets du venin (qui se détruit à 50 °C) il faut tremper le pied (ou la main) dans de l'eau très chaude, ou approcher une cigarette incandescente de la piqûre. • On peut aussi faire saigner la plaie, et la frotter du foie écrasé de la vive, ou piler un oignon avec du sel et le délayer avec de l'esprit-de-vin, que l'on met sur la plaie jusqu'à ce qu'elle soit guérie.

Poux

• Pour diminuer les risques qu'a votre enfant d'attraper des poux à l'école ou à la garderie, utiliser régulièrement un après-shampooing pour rendre les cheveux lisses. Les œufs ont plus de mal à s'accrocher sur des cheveux glissants.

• Les poux n'aiment pas l'odeur de la lavande. Alors, avant le départ pour l'école ou la garderie, vaporiser la chevelure, ainsi que toques et bonnets, d'eau de lavande.

• De même, on peut verser un peu d'eau de lavande dans le fer à repasser. De cette façon, tous les vêtements dégagent une petite odeur de lavande.

• La lavande ne traite pas les poux lorsque la chevelure est infestée. Il faut alors utiliser les shampoings anti-poux vendus en pharmacie.

Rhume de cerveau

L'un des plus anciens remèdes au rhume de cerveau demeure la prise régulière d'infusions de thym ou de sauge.

Rides

Contre les rides, se masser lentement le visage 2 fois par semaine, avant d'aller dormir, avec de l'huile d'olive mélangée à du jus de citron. On peut aussi assouplir la peau avec de l'huile de sésame.

Shampooings

• Les shampooings sont très concentrés. Allongez-les d'un volume égal d'eau, ils vous laveront aussi bien et mousseront tout autant…

• Le shampooing est un dégraissant hors pair. Utilisez-le pour laver peignes, brosses à cheveux et même les mains.

Taches sur la peau

• *Taches d'encre noire :* frotter les taches avec du jus de citron, d'oseille ou de tomate. Laver à l'eau sans savon ; si les taches résistent, les frotter avec une pierre ponce.

• *Taches de farine et de pâte :* laver à l'eau froide et au savon ; l'eau chaude rendrait la pâte plus gluante.

• *Taches de fruits :* frotter avec du jus de citron les taches, puis les laver à l'eau chaude et au savon.

• *Taches de goudron :* pour faire disparaître les taches de goudron sur la peau, les enduire de matière grasse (beurre ou huile). Frotter avec un tampon de coton et laver à l'eau chaude. Autre méthode : pour enlever des taches de goudron sur la peau, les frotter, jusqu'à ce qu'elles partent, avec des feuilles de géranium (le savon est inefficace).

• *Taches de graisse et de poussière :* enduire de vaseline ou de lanoline, bien frotter pour faire

Maquillage, Peau et Soins des Cheveux

pénétrer le corps gras ; rincer à l'eau de savon chaude, puis passer de l'eau de Cologne ou de l'alcool de lavande.

• *Taches de pétrole :* laver à l'eau froide et au savon, passer à l'eau de Cologne puis recommencer jusqu'à disparition de l'odeur.

• Lorsqu'on utilise certains savons qui contiennent du sable ou de la ponce finement pulvérisée, on s'enduit la peau de quelques gouttes de glycérine ou d'eau de rose pour réhydrater la peau.

Toux

• Pour apaiser la toux, faire infuser 10 à 15 g de graines d'anis dans de l'eau bouillante pendant 10 minutes. Prendre cette infusion 3 fois par jour en la sucrant avec du miel. Elle stimule aussi la digestion et fait cesser les gaz intestinaux.

• Lorsqu'on souffre de quintes de toux nocturne, il faut se mettre sur le ventre, bien à plat, en supprimant l'oreiller ou le traversin.

Vernis à ongles

• Pour accélérer le séchage du vernis à ongles, se passer les ongles sous l'eau froide.

• Pour ramollir un vernis à ongles durci, placer le flacon de vernis dans un bol d'eau chaude jusqu'à ce qu'il se liquéfie.

• Si un vernis à ongles est trop épais, lui ajouter quelques gouttes d'éther, ou d'alcool à 90°. Pour qu'il n'épaississe pas, le mettre au réfrigérateur.

Verrue

• On applique sur une verrue, jusqu'à ce qu'elle disparaisse, tous les matins, une lamelle d'ail frais et on la maintient pendant 24 heures avec un pansement

• Si on est en été (saison où on cueille cette herbe à petites fleurs jaunes qui pousse parmi les vieilles pierres), faire couler sur la verrue le suc de la tige de chélidoine plusieurs jours de suite. On peut traiter de la même manière les corps au pied.

Voix

En cas d'extinction de voix, faire des gargarismes de jus de citron.

Dents & Digestion

Le marchand de vinaigre

Ail (digestion)

Afin d'éviter les relents trop forts laissés par la cuisine à l'ail, plusieurs solutions s'offrent à vous : • Manger du persil cru. • Boire de l'alcool de menthe. • Croquer des grains de café.

Alcool

• Pour retarder les effets de l'alcool, il faut tapisser l'estomac en gobant un œuf frais ou en avalant 2 cuillerées à soupe d'huile d'olive.

• Pour mieux digérer le vin, il faut éviter les mélanges et ne boire, au cours du repas, qu'un seul vin. S'il y a plusieurs vins, entre chaque changement de vin, il faut boire 1 verre d'eau.

• Croquer une feuille de chou diminuerait l'ivresse…

• Pendant l'apéritif, il est préférable de manger, car l'alcool agit plus rapidement lorsque l'estomac est vide.

• Pour dissiper les effets de l'ivresse, boire une infusion de verveine.

• Pour ceux qui redoutent les sanctions de l'alcotest, café serré, douche froide ou grand air ne dissipent en rien les effets de l'alcool. Seul le foie peut éliminer l'alcool passé dans le sang, et il prend son temps, surtout s'il a déjà été mis à contribution par la richesse du repas.

Constipation

• Contre la constipation, prendre 1 cuillerée à soupe d'huile d'olive le matin à jeun. Dans la journée, boire beaucoup d'eau.

• Contre la constipation – et les coliques – prendre 2 tasses par jour, après les principaux repas, d'infusion d'estragon : 30 g de feuilles d'estragon dans 1 litre d'eau bouillante.

Crise de foie

• Pour lutter contre les désagréments d'une crise de foie (souvent, en fait, un engorgement de la vésicule biliaire), boire, à jeun, le matin, un grand verre d'eau froide et un jus de citron.

• Prendre de la tisane d'aspérule (1 tige séchée pour 1 tasse d'eau bouillante) afin de combattre les troubles hépatiques et digestifs.

Dentifrice

Si vous avez perdu le bouchon de votre tube de dentifrice, la pâte va se dessécher vite, à moins de placer le tube la tête en bas dans un verre d'eau.

Dents blanches

• Pour avoir les dents blanches se frotter, avec le doigt, les gencives avec de l'huile d'olive et la

Trucs et conseils à l'ancienne

garder longuement en bouche. • Autre méthode, les frotter 1 fois par semaine avec une feuille de sauge. • Mélanger à parts égales de l'huile d'olive et de l'argile blanche et l'utiliser comme dentifrice 1 fois par semaine. Ce dentifrice redonnera blancheur aux dents, tout en tonifiant les gencives.

Dents (mal de)

• La camomille soulage le mal de dents.
• Pour soulager une névralgie dentaire, il faut mâcher de l'estragon, ou sucer 1 clou de girofle.

Digestion lourde

Après un repas trop copieux, stimuler le système digestif avec un jus composé de carottes, céleri et persil. La carotte aide à nettoyer le foie, le céleri a des propriétés diurétiques et le persil débloque les voies intestinales.

Haleine fraîche

Pour une haleine fraîche, croquer des grains de café ou sucer un clou de girofle. Après avoir mangé de l'ail ou de l'oignon, mâchez quelques branches de persil frais, des fèves crues ou de la betterave rouge cuite.

Le Savoir-Recevoir
chez soi

Le marchand de cuillères de bois

Couteau

• À la droite de l'assiette est placé un porte-couteau. Le couteau ordinaire, le couteau spécial du service à poisson, la fourchette à huître, la cuillère à potage sont posés au pied de ce porte-couteau, dans l'ordre où les invités auront à les utiliser.

• Lorsqu'on a mangé, couteau et fourchette ne se posent pas de chaque côté de l'assiette, mais jumelés dans l'assiette, et jamais en croix.

• Les œufs, les gnocchis, les nouilles, les légumes, les salades, les gâteaux, les glaces ne se coupent pas au couteau.

• Ne portez pas un couteau à votre bouche.

• Prenez toujours le couteau dans la main droite, sans jamais appuyer l'index plus haut que la virole qui sépare le manche de la lame. Il ne faut jamais prendre la lame entre les doigts, ni même poser l'index sur le dos de la lame. Pour découper la viande, ne tenez pas votre couteau comme un stylo.

Couverts

• Savoir-vivre : si les maîtres de maison laissent leurs couverts dans leur assiette, il faut faire comme eux mais aussi les imiter s'ils les posent sur les porte-couteaux.

• Posez toujours sur le bord d'un plat des couverts complets (cuillère et fourchette) pour se servir.

Cure-dent

On n'utilise pas le cure-dent en société. D'une façon générale, les dentistes recommandent le fil dentaire ; là aussi, on l'utilise avec discrétion. Ne s'en servir que lorsqu'on ne peut absolument l'éviter, sans jouer de la langue contre les dents, avec un bruit de succion inopportun.

Fourchette

• À gauche de l'assiette, on met la fourchette principale et la fourchette à poisson.

• On prend la fourchette dans la main droite à peu près au centre du manche ; ne jamais poser l'index près des dents. Pour couper au couteau un aliment, faîtes passer la fourchette dans la main gauche, le couteau dans la main droite, en maintenant l'aliment avec les pointes de la fourchette. Posez ensuite le couteau sur le côté de l'assiette ou sur le porte-couteau, et reprenez la fourchette dans la main droite pour piquer la bouchée. • Ne coupez pas votre viande avec une fourchette.

La fourchette n'a fait son apparition en France qu'au XIVe siècle. Les cuillères étaient également peu utilisées. En 1580, Montaigne s'étonne qu'en Suisse, on serve : « *autant de cuillères comme il y a d'hommes à table*. Lui-même mange vite sans cuillère ni couteau *je mords parfois mes doigts de hâtiveté* ».

Trucs et conseils à l'ancienne

Se tenir (bien) à table…

• Ne commencez pas à manger avant la maîtresse de maison.
• En vous servant, ne faites pas glisser les aliments du plat dans votre assiette.
• N'étalez pas le beurre en tartines mais sur des bouchées de pain.
• N'utilisez pas un couteau d'acier pour manger le poisson, mais utilisez la fourchette et aidez-vous d'un petit morceau de pain.
• Ne coupez pas votre viande avec votre fourchette.
• Ne soufflez pas sur le potage, ne l'absorbez pas avec des bruits de succion, ne mettez pas votre cuillère entière dans la bouche, ne soulevez pas l'assiette pour ne rien laisser dans le fond.
• Ne jouez pas avec le porte-couteau.
• Ne mettez pas vos coudes sur la table, mais posez les mains sur la table, les poignets de chaque côté de l'assiette.
• Ne faites pas de bruit en mangeant, mangez la bouche fermée.
• Ne sucez pas votre cuillère.
• Ne buvez pas la bouche pleine.
• Ne portez pas un couteau à votre bouche.
• Ne vous resservez pas d'un plat sans la permission de la maîtresse de maison.
• Ne passez pas le bras devant votre voisin.

Le Savoir-Recevoir chez Soi

- Ne choisissez pas les morceaux, mais prenez le premier qui se présente dans le plat.
- Ne coupez pas dans un plat.
- Ne vous escrimez pas sur un os, ne le sucez pas, ne le tenez pas entre vos doigts.
- Ne tâtez pas les fruits.
- Ne mangez pas à l'avance le pain qui se trouve à votre gauche. Le pain se découpe par petits morceaux, on ne le déchire pas avec ses dents et on n'en fait pas des boulettes.
- Ne saucez pas en tenant le pain entre ses doigts, mais au bout de la fourchette, sans jamais soulever l'assiette.
- Ne lisez pas à table, ne chantez pas, ne sifflez pas.
- Ne buvez pas en renversant la tête, même pour humer le vin. Ne le savourez pas comme un goûteur professionnel en faisant claquer la langue, en le mâchant ou en vous gargarisant avec.
- Tenez-vous droit sur sa chaise, sans vous avachir ou vous balancer
- Pour refuser d'un plat, un geste de la main suffit.
- Couteau et fourchette ne se posent pas de chaque côté de l'assiette, mais jumelés dans l'assiette, jamais en croix.
- Un homme peut servir du vin ou de l'eau à sa voisine. Il doit lui offrir du vin quand son verre est vide.
- Faites toujours attention aux légumes qui peuvent

rebondir, aux sauces qui risquent d'éclabousser, aux coquillages ou aux poissons capables de rejaillir.
• Servez-vous modérément et évitez les commentaires du genre *je fais un régime, ça fait grossir, je n'ai plus faim* qui sont vulgaires et inutiles.
• Essuyez-vous la bouche avant et après avoir posé les lèvres contre le verre.
• Si vous renversez quelque chose, ne vous agitez pas. Vous pouvez essuyer discrètement.
• Si vous êtes invité, prenez de tous les plats.
• Si vous vous étranglez, ne parlez pas, mettez votre main ou votre serviette devant votre bouche.
• Parlez à vos voisins ou voisines alternativement. Si vous parlez à un convive éloigné, ne hurlez pas, ne vous penchez pas non plus en arrière pour dialoguer dans le dos de ceux qui vous séparent.
• Parlez d'une voix modérée, sans avoir la bouche pleine. Les apartés sont de mauvais goût.

Service à dessert

Au dessert, une assiette plus petite est posée contenant, posés en croix ou verticalement, les couverts à dessert et le bol pour laver les fruits et rincer les doigts. Le convive dépose lui-même ses couverts à droite de son assiette : cuillère, fourchette, couteau à fromage, couteau à fruit. Puis, en haut, à gauche de l'assiette, et près du grand verre, le rince-doigts.

Service à table

• La maîtresse de maison doit choisir un menu qui lui permet de pas s'absenter trop souvent dans la cuisine. Les plats sont passés en commençant par l'invitée la plus importante pour finir par la maîtresse de maison, ensuite, par l'invité le plus important pour finir par le maître de maison.

• En famille, la maîtresse de maison est servie en premier avant ses filles, et celles-ci de la plus âgée à la plus jeune. Si une grand-mère ou une belle-mère est présente, elle est servie la première et la maîtresse de maison après elle ; le maître de maison, puis ses fils, du plus âgé au plus jeune, en dernier.

Serviette

• Quand la maîtresse de maison a pris sa serviette, chaque convive met la sienne sur ses genoux, sans la déplier entièrement. N'attachez pas la serviette à votre cou et ne la relevez pas sur votre poitrine. Ne l'étendez pas sur ses genoux comme un tablier. Lorsque vous sortez de table, ne la repliez pas.

• Pour les grands dîners, un petit pain est glissé sous la serviette pliée en pointe. Dans les repas intimes, le morceau de pain est placé sous la serviette, à gauche de l'assiette.

• N'utilisez pas des serviettes papier en couleur pour vous moucher ; elles peuvent déteindre !

Trucs et conseils à l'ancienne

Treize à table

Si possible, à table, harmonisez le nombre d'hommes et de femmes et préférez un chiffre pair.

Certaines personnes, par superstition, évitent d'être 13 à table (souvenir de la Cène, dernier repas du Christ en compagnie de ses douze apôtres parmi lesquels Judas, le traître); pour ne pas froisser un invité superstitieux, invitez un enfant de la famille à la table des adultes: tout le monde sera ravi, et il ne restera pas longtemps attablé avec eux. Vous le rappellerez pour le dessert!

Au-dessus de 16 personnes, le repas prend des allures de banquet; organisez, si vous en avez la possibilité, votre repas autour de plusieurs tables de 8 personnes.

Le Savoir-Vivre
en société

Le marchand de café ambulant

Arrivée (heure d')

Même si le proverbe prétend que la ponctualité est la politesse des rois, il est d'usage d'arriver 1/4 d'heure après l'heure indiquée.

Arriver 1/4 d'heure avant est un signe d'incorrection, il est possible que cela dérange la maîtresse de maison dans ses derniers préparatifs.

Après 30 minutes de retard, il convient de prévenir les hôtes de son retard et s'en excuser.

Conversation

En société, parlez distinctement, sans articuler avec exagération, ne faites pas de liaisons trop marquées. Ne coupez jamais la parole. À une question posée, répondez de façon précise. Si vous ne souhaitez pas répondre, dites-le avec le sourire. Il ne faut jamais laisser une question sans réponse.

Dans l'art de la conversation, certaines locutions sont à éviter : il est préférable de dire *ma femme* plutôt que *mon épouse* ou *ma chérie* ou des diminutifs mièvres tels que *ma biche, mon ange, mon cœur*; on dit (si l'on ne plaisante pas) *ma fiancée* et non *ma future* ou *ma promise*.

Il est conseillé d'éviter l'usage des surnoms sauf s'il s'agit d'enfants (de moins de 7 ans).

Ci-après, ce qu'il ne faut pas dire (en italique) et ce qu'il faut dire :

Le Savoir-Vivre en Société

Je cause à quelqu'un / Je cause avec quelqu'un
Je parle avec quelqu'un / Je parle à quelqu'un
Je cause anglais / Je parle anglais
Je pars à Lyon / Je pars pour Lyon
Je vais au coiffeur / Je vais chez le coiffeur
Surtout que je le crois / D'autant plus que je le crois
Je viens de suite / Je viens tout de suite
Je m'en rappelle / Je me le rappelle, je m'en souviens
Je vais me changer / Je vais changer de vêtement
Je lis sur le journal / Je lis dans le journal
J'en veux pas / Je n'en veux pas
J'ai pas voulu faire / Je n'ai pas voulu faire
Y'a pas moyen / Il n'y a pas moyen
Qu'est-ce que vous en pensez ? / Qu'en pensez-vous ?
Qu'est-ce que tu fais ? / Que fais-tu ?
Qu'est-ce qu'il y a ? / Qu'y a-t-il ?
Quand est-ce que je vous vois ? / Quand puis-je vous voir ?
Je préfère ceci que cela / Je préfère ceci à cela.
Voici la chose telle que / Voici la chose telle quelle.
Cette rue est passagère / Cette rue est passante
De rien, faites donc / Merci ou Non merci
Sans façons, sans cérémonie / Je vous en prie
Bonjour Messieurs-Dames / Bonjour Monsieur, Madame
Au plaisir, Bien le Bonjour / Au revoir
C'est conséquent / C'est important
Ma dame, votre dame / Ma femme, votre femme

Trucs et conseils à l'ancienne

Ma future / Ma fiancée
Ce midi / À midi
Des escaliers / Un escalier
Solutionner / Résoudre
Contacter / Prendre contact
De la volaille / Du poulet, canard…
Une chrysanthème / Un chrysanthème
Un azalée / Une azalée
Un perce-neige / Une perce-neige
Du bon encaustique / De la bonne encaustique
Un bel atmosphère / Une belle atmosphère
Une astérisque / Un astérisque
Une effluve / Un effluve
Une alvéole / Un alvéole
Un antichambre / Une antichambre
Un aéropage / Un aréopage
Une aréogare / Une aérogare
Permettez / Permettez-moi
Plaît-il ? / Pardon ?
Mes excuses / Veuillez m'excuser
Nous avions convenu / Nous étions convenus
J'ai rêvé à vous / J'ai rêvé de vous
Il m'a stupéfait / Il m'a stupéfié
La clef est après la porte / La clef est sur la porte
Cent euros chaque / Cent euros chacun
Aller en bicyclette / Aller à bicyclette
Aller de mal en pire / Aller de mal en pis

Escalier

Accompagnant une femme, un homme monte l'escalier derrière elle (et ne regarde pas ostensiblement ses jambes). Au contraire, il passe devant elle en descendant (si elle fait un faux pas il pourra ainsi, dans la montée comme dans la descente, ralentir sa chute).

Incongruités

- Il faut atténuer autant que possible le *bâillement* et mettre sa main devant sa bouche.
- On ne crache jamais par terre, ni en vue de quelqu'un. Si on ne peut faire autrement, il faut *cracher* dans un mouchoir.
- Il faut atténuer autant que possible *l'éternuement* (l'on met la main devant sa bouche). Si l'on n'a pu éviter un bruit excessif, on s'excuse. Il est d'usage populaire de dire " à vos souhaits " mais pour plus de discrétion, il vaut mieux ne rien dire.
- On ne se *gratte* pas en public. Si la démangeaison est insupportable, on essaie de l'apaiser en frottant discrètement la partie concernée.
- Si vous avez le *hoquet*, buvez un peu d'eau et arrêtez de parler.
- On se *mouche* le plus discrètement possible dans un mouchoir que l'on s'abstient, ensuite, de regarder. Inutile de se retourner, ni de s'écarter

comme si l'on faisait quelque chose de sale ou d'occulte. Il suffit d'être le plus discret possible.

• On ne rote pas, sous prétexte que le rot est une pratique orientale de montrer qu'on a apprécié le repas. Si un *rot* malencontreux vous échappe, il faut vous excuser.

• On ne *tousse* pas bruyamment. Si on ne peut pas se retenir, il faut mettre la main devant la bouche. Il faut aussi éviter de toussoter en parlant.

Parfum

Une petite touche de parfum suffit. Préférez un parfum léger qui vous enveloppe de manière discrète la journée. Le matin, vaporisez légèrement le cou et les cheveux.

Réception d'amis

• Quand vous invitez des amis, la première politesse est de leur donner l'impression qu'ils sont chez eux. Dans leur chambre, mettre des fleurs, une carafe avec un verre sur la table de chevet, du papier à lettres et des enveloppes sur la table. Dans l'armoire de leur chambre, prévoyez des cintres. Dans la salle de bain, prévoyez du linge de toilette propre, du savon, un verre à dent.

• Quand vous êtes invité, vous avez certains devoirs : évitez de faire des taches sur les draps, de faire tomber la cendre de cigarette sur le plancher. Aider vos hôtes dans les taches ménagères ou en tout cas proposer de le faire. Pliez-vous aux habitudes de vos hôtes, adaptez vos horaires aux leurs, soyez à l'heure pour les repas. On ne se comporte pas dans la maison amie comme dans un hôtel. Prévenez ceux qui vous accueillent de la durée de votre séjour suffisamment à l'avance, afin qu'ils puissent prendre des dispositions pour bien vous recevoir, et informez-les de même si vos projets sont modifiés.

• Il est recommandé d'envoyer des fleurs ou un petit souvenir (écharpe, chocolats, parfum, livre, etc.) sans oublier les enfants en leur offrant un jouet ou un livre de leur âge. Après le séjour, une lettre de remerciement aux amis est d'usage, elle doit être envoyée au plus tard dans les 8 jours.

Tabac

Cigare : il y a de petits et de grands cigares. Il existe un art du cigare. L'étiquette veut que le fumeur de cigare commence par le presser entre ses doigts, puis enlève la bague de papier. L'extrémité pointue du cigare est coupée avec un instrument spécial, et surtout pas avec les dents. Un cigare s'allume lentement, sa combustion est lente.

• On offre toujours des allumettes et non un briquet pour allumer un cigare. On ne secoue la cendre au-dessus d'un cendrier qu'au moment où elle menace de s'effondrer. En principe, un cigare ne se rallume pas.

Cigarette : pendant des présentations, ne fumez pas de cigarette. Si vous en avez une entre les doigts, posez-la ou jetez-la.

• Une fois la cigarette à la main, ne la faites pas sauter sur le dos de votre main sous prétexte de tasser le tabac.

• Si vous allumez votre cigarette avec des allumettes, soufflez la flamme, ne secouez pas l'allumette pour l'éteindre. • Si vous offrez une cigarette, prenez soin de sortir à demi celle que vous présentez. • Vous devez offrir du feu à ceux qui vous entourent, d'abord aux femmes puis aux hommes. Tenez droit et assez haut briquet ou allumette.

Le Savoir-Vivre en Société

- Écrasez toujours votre cigarette, veillez à ce que le mégot ne se consume pas seul.
- En toutes circonstances, vous ne devez pas fumer en parlant à une femme à moins que celle-ci n'ait déjà allumé une cigarette ou accepté celle que vous lui offrez ou qu'elle vous y ait autorisé.
- Veillez à ne pas enfumer vos voisins.
- Ne jetez pas votre cendre par terre, si vous ne trouvez pas de cendriers, prenez une coupe ou un vase, secouez-y discrètement votre cendre, en faisant attention de ne pas abîmer le grain de porcelaine ou le décor de l'objet.

Pipe : vous devez l'essayer lentement, la culotter avec prudence en utilisant uniquement du tabac (culotter une pipe en y enflammant de l'alcool peut endommager son fourneau). Pour chaque pipe un tabac : ne mélangez pas les différents tabacs dans un même fourneau.

- Soutenez la pipe légèrement au coin de la bouche, sans trop serrer des dents, afin de ne pas endommager le tuyau. Vous pouvez la bourrer et la rallumer plusieurs fois.
- L'odeur de la pipe est tenace, prenez garde de ne pas fumer dans une pièce fermée et non aérée, et si vous n'êtes pas chez vous, demandez l'autorisation d'allumer votre pipe.

Trucs et conseils à l'ancienne

W.-C.

Au restaurant ou dans une soirée, on ne cherche pas les W.-C. (abréviation de l'anglais *water-closet*). On demande discrètement au serveur ou à la maîtresse de maison où l'on peut se laver les mains.

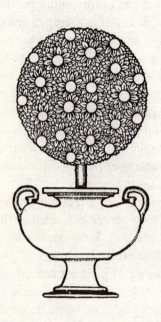

CIVILITÉS

Le tambourinaire qui accompagne les cérémonies

Deuil

Autrefois le deuil imposait, pendant 2 ans, le noir intégral pour les veuves, 1 an pour les parents, 6 mois pour les tantes… Aujourd'hui, il est beaucoup moins rigoureux.

Le deuil se porte davantage en soi que sur des vêtements. C'est à la reine Anne de Bretagne que nous devons de porter le deuil en noir : elle imposa cette couleur à la mort de son premier mari Charles VIII (son veuvage terminé, elle dut épouser son successeur, Louis XII, et remit des couleurs dans ses costumes). Jusqu'alors, le deuil de cour était en blanc, et le roi le portait en rouge ou en violet.

La première veuve royale à porter, en signe de deuil, des robes noires toute sa vie, fut Catherine de Médicis, après la mort en tournoi de son mari Henri II (lequel lui avait, pourtant, tout au long de son existence, préféré Diane de Poitiers).

En 1883, voici quelle était la règle du deuil : veuve, 1 an et 6 semaines. Les six premiers mois : châle, robe en pure laine, chapeau ou bonnet de crêpe avec voile de 1,30 m ou 1,50 m, pas de bijoux. Les 6 mois suivants : robe en soie ou laine et soie, chapeau orné de fleurs noires et de plumes, bijoux en bois durci. Très peu de jais. Les 6 semaines de demi-deuil se portaient en gris, lilas ou pensée, avec chapeau orné de fleur du même mauve sans feuillage, pas de bijoux d'or, du jais seulement. Pendant la première période, on portait des gants de fil noir, pendant la seconde des gants de peau mate et glacée et des gants de soie, pendant la troisième période, des gants de Suède ou de coton gris.

On présente ses *condoléances* sur une feuille de papier à lettres et non pas sur une carte de visite.

• *Les faire-part de décès*

Les faire-part comportent la liste complète des parents du défunt, en petits caractères ; celui du défunt en gros caractères, suivis de la liste de ses fonctions, de ses dignités, de ses décorations.

On les envoie non seulement aux amis et aux relations, mais encore aux occupants de l'immeuble et aux voisins. On peut faire passer une annonce dans la rubrique Décès d'un journal.

Les parents proches et les amis intimes sont prévenus par téléphone.

• *Les préséances d'un enterrement*

L'enterrement est l'une des rares cérémonies où l'élément masculin a la priorité sur les femmes. L'appariteur place les hommes d'abord, à droite, pour la cérémonie à l'église (ou autre lieu de culte), les femmes à gauche. Ce maître de cérémonie indique les principaux mouvements d'ensemble au public que le service soit catholique, protestant, orthodoxe…

Fiançailles

Lorsque la date des fiançailles est décidée, le dîner familial a lieu chez les parents de la jeune fille. À cette occasion, le fiancé envoie une gerbe de fleurs blanches (s'il épouse une veuve, la corbeille est rose ou panachée) et apporte la bague de fiançailles. Pour ce repas, la jeune fille porte une robe neuve de couleur claire. Si un deuil survient dans la famille, on attend quelque temps avant de lancer les annonces ou les faire-part officiels.

• *La bague de fiançailles*

Pour la choisir, le fiancé demande l'avis de sa future femme. En France, pendant longtemps, la pierre qui ornait la bague de fiançailles devait être blanche : pierre de lune, perle, diamant, à la rigueur un saphir. L'émeraude et le rubis étaient proscrits.

• *Rupture de fiançailles*

Si pour des raisons qui leur sont propres, les fiancés rompent leur engagement, le fiancé renvoie à la jeune fille les lettres qu'elle avait écrites. Celle-ci brûle les lettres de son fiancé et lui renvoie cadeaux et bague de fiançailles.

Si des cadeaux de mariage sont déjà parvenus, les parents des deux familles les renvoient à leurs amis, en leur expliquant, dans un mot de regret et de remerciement, que les fiançailles sont rompues pour des raisons de convenances personnelles.

Mariage

• *La robe de mariée*

Une mariée est vêtue de blanc, signe de pureté dans les civilisations occidentales ; cependant, au Moyen Âge, la jeune fille était en rouge. Marie Stuart, en 1559, épousa François II, fils aîné de Catherine de Médicis, et fut la première à porter une robe blanche pour l'occasion. Dans les Évangiles, il est fait mention d'une robe nuptiale en lin blanc.

À une robe de mariée qui, théoriquement, ne servira qu'une fois, la mariée peut préférer un tailleur. En principe, la mariée ne porte aucun bijou en dehors de sa bague de fiançailles. Une gerbe de fleurs dans le repli de son bras gauche ou un bouquet romantique à la main est un accessoire courant.

• *Dans l'église*

À l'entrée de l'église, le marié et les membres du cortège attendent la jeune fille et son père, qui arrivent dans la même voiture, garnie de fleurs blanches. La jeune fille pénètre dans la nef au bras de son père ; ou, si celui-ci est mort ou absent, au bras d'un parent (un oncle, un frère aîné), suivie du marié donnant le sien à sa mère. Les grands-parents, les témoins et les familles viennent ensuite.

Au cours de la cérémonie, les jeunes filles d'honneur sont invitées à faire la quête dans les rangs de l'assistance, elles sont aidées par les gar-

Trucs et conseils à l'ancienne

çons d'honneur. Les mariés et le cortège remettent un billet neuf plié discrètement. Le fruit de la quête est remis à l'officiant à l'issue de la cérémonie.

Après la cérémonie, le mari donne le bras à sa femme ; le père de la nouvelle mariée marche auprès

de la mère de l'époux, les familles devant être soigneusement panachées. Les hommes donnent le bras gauche, sauf les officiers et les polytechniciens qui donnent le bras droit, à cause du sabre ou de l'épée. Le cortège gagne la sacristie où les nouveaux conjoints signent le grand livre des mariages ainsi que leurs parents et témoins.

On ne circule pas dans une église pendant un office. On n'allume pas une cigarette sur le parvis d'un bâtiment religieux. Dans une église, un temple, un homme doit toujours se découvrir, une femme peut avoir la tête couverte. Dans une synagogue, un homme reste couvert, ainsi que dans une mosquée, où le Coran exige de se déchausser sur le seuil.

Présentations

Par timidité ou par ignorance, beaucoup de gens entament une conversation avec une personne étrangère sans dire leur nom, ce qui est une faute de courtoisie. La maîtresse de maison présente les arrivants aux personnes qui sont déjà là. On présente un homme à une femme ; un homme ou une femme plus jeunes à un homme ou une femme plus âgés. C'est la personne à qui l'on en présente une autre qui tend la main. On dit *monsieur*, *madame* ou *mademoiselle*, sans mots superflus comme *enchanté* ou *très heureux*. Lorsqu'un homme est présenté à une femme, il attend qu'elle lui offre sa main pour la serrer, et doit dire *madame* ou *mademoiselle* en ajoutant *Mes hommages*.

Salut

Le salut est une inclinaison de la tête ou un geste de la main pour soulever le chapeau. Les plus jeunes saluent les plus âgés. Un homme salue une femme le premier, dès l'instant où le regard de la femme lui montre qu'elle l'a reconnu.

L'ART DU CADEAU

Le marchand de jouets

Ouvrir un cadeau

Si un cadeau vous est offert, il est poli d'ouvrir le paquet devant la personne. S'il s'agit de bonbons ou chocolat, proposez-en aussitôt.

Étrennes

• Chaque année, facteurs, pompiers, éboueurs passent à votre domicile vous proposer un calendrier afin de recevoir une étrenne. Soyez généreux.

• Offrez aussi des étrennes à votre concierge, et à votre femme de ménage, si vous en avez une.

Pourboires

• *Pourboires à l'hôtel*: les pourboires distribués dans les palaces sont les plus élevés. Distribuez la moitié du pourboire à mi-séjour, l'amabilité du personnel s'en ressent, il devient plus attentif.

• *Pourboires dans votre immeuble*: n'oubliez jamais le concierge de votre immeuble, pensez aux petits services qu'il vous rend !

Remerciements

Ne remerciez pas d'un cadeau par téléphone ; mieux vaut écrire. Par téléphone, on remercie d'une invitation ou on félicite une maîtresse de maison pour son dîner de la veille.

Anniversaires

L'occasion la plus classique de faire un cadeau est l'anniversaire de naissance. À partir de la date de naissance, vous pouvez personnaliser votre cadeau, lui donner davantage d'originalité en mettant à contribution la symbolique du Zodiaque, ou celle du calendrier chinois…

Correspondance entre les caractères et les signes du Zodiaque

Bélier (21 mars / 20 avril) : impulsif et énergique
Taureau (21 avril / 20 mai) : sensuel et charmeur
Gémeaux (21 mai / 20 juin) : malin et efficace
Cancer (21 juin / 20 juillet) : ambitieux, romantique
Lion (21 juillet / 20 août) : orgueilleux et passionné
Vierge (21 août / 20 sept.) : intelligent et exubérant
Balance (21 sept. / 20 oct.) : subtil et combatif
Scorpion (21 oct. / 20 nov.) : sensuel et secret
Sagittaire (21 nov. / 20 déc.) : philosophe et fidèle
Capricorne (21 déc. / 20 janv.) : énergique, chaleureux
Verseau (21 janv. / 20 fév.) : intuitif et original
Poissons (21 fév. / 20 mars) : perspicace, sentimental

Années chinoises

(Le signe dépend non du jour, mais de l'année de la naissance)
Rat : 1924, 1936, 1948, 1960, 1972, 1984, 1996.
Bœuf : 1925, 1937, 1949, 1961, 1973, 1985, 1997.

Tigre : 1926, 1938, 1950, 1962, 1974, 1986, 1998.
Lapin : 1927, 1939, 1951, 1963, 1975, 1987, 1999.
Dragon : 1928, 1940, 1952, 1964, 1976, 1988, 2000.
Serpent : 1929, 1941, 1953, 1965, 1977, 1989, 2001.
Cheval : 1930, 1942, 1954, 1966, 1978, 1990, 2002.
Chèvre : 1931, 1943, 1955, 1967, 1979, 1991, 2003.
Singe : 1932, 1944, 1956, 1968, 1980, 1992, 2004.
Coq : 1921, 1933, 1945, 1957, 1969, 1981, 1993.
Chien : 1922, 1934, 1946, 1958, 1970, 1982, 1994.
Cochon : 1923, 1935, 1947, 1959, 1971, 1983, 1995.

Anniversaires des noces

Ne pas oublier les anniversaires de mariage, les vôtres ou ceux de vos proches. On célèbre volontiers les noces d'argent, ou d'or ; mais toutes les noces ne sont pas de métal, il y a aussi de fleurs et de bois, selon le nombre d'années de mariage. À chaque année son objet, qui peut varier selon les traditions, françaises ou anglo-saxonnes.

1 an = coton, ou papier
2 ans = papier, ou cuir, coton, porcelaine
3 ans = cuir, ou papier, cristal, verre, froment
4 ans = cire, ou soie
5 ans = bois, ou fruit, fleur
6 ans = cuivre, ou fer, bois, parfum
7 ans = laine, ou sucre
8 ans = bronze, ou coquelicot, dentelle

L'Art du Cadeau

9 ans = faïence, ou cuir
10 ans = étain, ou fer
11 ans = corail, ou acier
12 ans = soie, ou perle, gemmes de couleur
13 ans = muguet, ou fourrure
14 ans = ivoire, ou plomb
15 ans = porcelaine, ou cristal
16 ans = saphir
17 ans = rose
18 ans = turquoise
19 ans = cretonne
20 ans = cristal, ou porcelaine
21 ans = opale
22 ans = bronze
23 ans = béryl
24 ans = satin
25 ans = argent
26 ans = jade
27 ans = acajou
28 ans = nickel
29 ans = velours
30 ans = perle, ou diamant
31 ans = basane
32 ans = cuivre
33 ans = porphyre
34 ans = ambre
35 ans = corail, ou jade, rubis

Trucs et conseils à l'ancienne

36 ans = mousseline
37 ans = papier
38 ans = mercure
39 ans = crêpe
40 ans = émeraude ou rubis
41 ans = fer
42 ans = nacre
43 ans = flanelle
44 ans = topaze
45 ans = vermeil
46 ans = lavande
47 ans = cachemire
48 ans = améthyste
49 ans = cèdre
50 ans = or
55 ans = émeraude ou orchidée
60 ans = diamant
65 ans = palissandre, ou saphir
70 ans = platine
75 ans = albâtre
80 ans = chêne

N'oubliez pas les fêtes, Noël, Pâques, et l'incontournable Fête des Mères. Mais l'année est constituée de quelque trois cent soixante autres jours dédiés à des saints du calendrier.

LE LANGAGE DES FLEURS

La marchande de fleurs

Comment offrir des fleurs

• On n'offre des fleurs que lorsqu'on est intime; dans les autres cas, on les fait livrer, avec sa carte de visite. Avant de choisir vos fleurs, consultez le langage des fleurs. Offrir du jasmin (amour voluptueux) à une femme qui n'est pas la vôtre peut être mal interprété de sa part, si elle connaît, elle aussi, la symbolique des fleurs; à moins qu'elle soit flattée par cette fausse maladresse… Idem pour les chrysanthèmes, fleur des cimetières…

• En bouquet, les fleurs s'offrent toujours en nombre impair. On peut aussi offrir des fleurs en pot, si celle à qui elles sont destinées aime les plantes et se plaît à les entretenir.

• Celle qui reçoit les fleurs remerciera du cadeau sans cérémonie : un coup de téléphone, si la gerbe a été livrée, un sourire chaleureux, si le bouquet est remis directement; lequel bouquet sera immédiatement mis dans un vase, preuve de l'intérêt qu'on lui accorde.

• Il n'est pas indispensable d'envoyer des fleurs en remerciement d'un repas. C'est néanmoins un geste que la maîtresse de maison appréciera.

• En principe, un homme n'offre pas de fleurs à une jeune fille, sauf si elle est malade ou si elle a réussi un examen. Une femme n'offre pas de fleurs à un homme.

Le Langage des Fleurs

Langage des fleurs

- *Ageratum* = Confiance
- *Amarante* = Amour durable
- *Anémone* = Persévérance
- *Anis* = Promesse
- *Aster* = Amour confiant
- *Aubépine* = Prudence
- *Azalée* = Amour Sincère, plaisir d'aimer
- *Basilic* = Haine
- *Bégonia* = Cordialité
- *Bleuet* = Délicatesse, timidité
- *Camélia* = Constance
- *Capucine* = Ardeur
- *Chrysanthème* = Souvenir
- *Coquelicot* = Ardeur fragile
- *Cyclamen* = Beauté jalousée
- *Dahlia* = Reconnaissance
- *Fuchsia* = Docilité
- *Géranium* = Simplicité
- *Glaïeul* = Rendez-vous
- *Gueule de loup* = Désir
- *Héliotrope* = Volupté
- *Hortensia* = Caprice
- *Iris* = Bonne nouvelle, cœur tendre
- *Jacinthe* = Joie de cœur
- *Jasmin* = Amour voluptueux
- *Jonquille* = Mélancolie, désir

Trucs et conseils à l'ancienne

- *Lavande* = Tendresse
- *Lierre* = Attachement
- *Lilas* = Amour naissant, amitié
- *Lys* = Pureté
- *Marguerite* = Amour timide, estime
- *Mimosa* = Sécurité
- *Muguet* = Coquetterie, Bonheur revenu
- *Myosotis* = Fidélité
- *Narcisse* = Égoïsme
- *Nénuphar* = Indifférence
- *Œillet* = Ardeur, Amour sincère
- *Oranger* = Virginité
- *Ortie* = Cruauté
- *Pavot* = Songes
- *Pensée* = Pensée affectueuse
- *Pivoine* = Sincérité
- *Pois de senteur* = Fausse modestie
- *Primevère* = Premier amour
- *Renoncule* = Reproche
- *Romarin* = Heureux
- *Rose* = Amour, richesse
- *Soucis* = Chagrin
- *Tournesol* = Attachement
- *Tulipe* = Déclaration d'amour
- *Véronique* = Fidélité
- *Violette* = Pudeur / Amour caché
- *Volubilis* = Rien que vous

Au Balcon
& Au Jardin

Le piégeur de taupes et de rats

Arrosage

• L'eau d'arrosage des plantes d'appartement doit être à la même température que la pièce. En conséquence, laisser cette eau séjourner pendant environ 1 heure à température ambiante avant de l'utiliser. Verser quelques gouttes de vinaigre dans cette eau pour neutraliser le calcaire en suspension.

• Si vous devez vous absenter, arroser vos plantes et déposez chaque pot dans un sac de plastique transparent et propre que vous fermerez sur le dessus. Les plantes, dans ce milieu clos et humide, pourront ainsi se passer d'arrosage pendant presqu'un mois. Exposer la plante à une lumière qui vient du nord. Au retour, défaire les nœuds mais attendre 24 heures avant de retirer le sac plastique

• Utiliser l'eau de cuisson des légumes, riche en sels minéraux, une fois refroidie, pour arroser vos plantes d'intérieur.

• L'essentiel du secret d'un bon arrosage tient dans la fréquence de celui-ci, entre trop ou trop peu.

• Sachez qu'en tapant sur le pot avec un couteau, vous pourrez savoir si la plante réclame de l'eau ou non. Si le son rendu est sourd, ce n'est pas nécessaire ; s'il est clair, un arrosage s'impose.

• Ne noyez pas vos plantes en pots. Maintenez le terreau humide, veillez à ce qu'il n'y ait pas de mousse à sa surface ; vaporisez de l'eau sur les feuilles.

Boutures

• Déposez au fond du récipient contenant les boutures un morceau de charbon de bois. Il agit comme un filtre et permet une régénération de l'eau, ce qui augmente les chances de survie des boutures.

• *Boutures de géranium :* sectionner par une coupe franche une branche de géranium comprenant 3 ou 4 feuilles de 12 cm de long. Supprimer les 2 feuilles du bas et les éventuels boutons de fleur. Laisser ces boutures cicatriser à l'ombre et au frais (ne pas les faire tremper dans de l'eau). Les repiquer le lendemain.

• *Boutures de lierre :* couper quelques tiges qui referont facilement des racines dans un verre d'eau. Lorsque les racines sont formées, placez les tiges dans un pot de terre. Utiliser un bon terreau. Le lierre grimpe et s'accroche facilement. On peut tailler régulièrement le lierre pour lui redonner des forces ou tout simplement pour réduire son étendue.

Cafards

• Dans une cuisine, il est dangereux d'utiliser un insecticide. Les odeurs de mastic de vitrier et de concombre font fuir les cafards.

• Dans les placards, mettez dans une soucoupe un mélange, à parts égales, de sucre, borax et farine pour les éliminer.

Cendre de bois
• Avant l'hiver, contre les parasites, il est bon de saupoudrer le jardin potager de cendre de bois.
• La cendre peut aussi servir d'engrais de jardinage, le printemps venu.

Chatons de châtaignier
Les chatons de châtaignier ou de noisetier, cueillis en début de floraison, sont décoratifs, mais perdent leur pollen sur les nappes… Pour pallier cet inconvénient et conserver les chatons brillants, il faut les vaporiser avec un vernis incolore.

Coccinelles
• Les coccinelles raffolent des pucerons qui apparaissent sur les fleurs et sur les arbres fruitiers. Pour les attirer dans votre jardin, laisser pousser quelques touffes d'orties. Les orties abritent des pucerons inoffensifs pour les plantes, mais qui servent de nourriture aux coccinelles.
• Pour abriter les coccinelles pendant l'hiver, suspendre des sacs en plastique remplis de fibres de bois sur les arbustes à feuillage. Ne pas fermer complètement les sacs. En automne, y déposer quelques coccinelles, pour qu'elles y attirent leurs congénères afin d'y dormir pendant la mauvaise saison.

Désherbant

Désherbant écologique et efficace, l'eau de cuisson des pommes de terre, que l'on verse sur les mauvaises herbes, notamment entre les dalles des terrasses et des allées.

Fleurs en vase

• Pour prolonger la durée des fleurs coupées, sectionner les tiges en biseau et les tremper dans de l'huile d'olive avant de les disposer dans le vase.

• Les tiges qui trempent dans l'eau d'un vase ne doivent plus avoir de feuilles. Au bout de quelques jours, changer l'eau une nouvelle fois et recouper le bout des tiges en biseau. • Pour redonner un sursaut de vie aux fleurs coupées bientôt fanées, mettre un demi-cachet d'aspirine effervescente dans leur vase. Ou ajouter 1 cuillerée à soupe de sucre en poudre ou de miel à l'eau.

• Pour conserver plus longtemps des fleurs coupées, ne changez pas l'eau tous les jours ; n'ajoutez que la quantité manquante. • Pour prévenir la déshydratation, gardez les bouquets loin des courants d'air et des ventilateurs ou climatiseurs : ne les mettez pas au soleil. • Pour faire durer les fleurs coupées pendant les saisons chaudes, mettez tous les jours 3 à 4 glaçons dans l'eau.

Fleurs séchées

Pour dépoussiérer des fleurs séchées, utiliser un sèche-cheveux.

Fourmis

Afin d'éviter, au printemps, les norias de fourmis dans les maisons, il faut répandre du soufre sur leur itinéraire. Pour éloigner les fourmis de la cuisine, disposer des touffes de cerfeuil sur les étagères et les meubles. Pour se débarrasser des fourmis, les méthodes sont nombreuses, et variées.

• Arroser d'un mélange d'eau putride et de sciure de bois, ou de pétrole dilué, les fourmilières.

• Les fourmis détestent les feuilles de noyer. Entassez-en quelques brassées sur leur parcours habituel et près de leurs fourmilières.

• Elles fuient si on met du sel sur leur passage.

• Planter des œillets d'Inde, de la menthe, de la lavande, de la ciboulette, de l'ail et du cresson aux endroits stratégiques.

• Pour protéger les fruits, enrouler des bandes de papier enduit de colle sur la base des troncs, ou entourer les troncs de fils de laine trempés au préalable dans une macération de tabac et d'eau.

• Réduire des coquilles d'œuf en poudre et en mettre sur leur passage : les fourmis, à ce qu'on dit, en détestent l'odeur.

Gazon / Pelouse

• Pour que les oiseaux épargnent les graines de gazon qui viennent d'être semées, il faut recouvrir la parcelle engazonnée de feuilles de papier journal bien arrosées. Il maintiendra les graines dans une humidité bénéfique et protectrice sans pour autant les empêcher de germer.

• Le moment idéal pour arroser la pelouse se situe entre 5 heures et 8 heures du matin pour que l'eau puisse pénétrer dans le sol avant que le soleil devienne trop chaud. L'arrosage du soir peut favoriser les maladies, car la pelouse reste mouillée toute la nuit. • Un arrosage de 3 cm d'eau 1 fois par semaine suffit pour que l'eau pénètre jusqu'aux racines. Pour connaître la durée d'arrosage requise, placez un bol sous l'arrosoir et notez le temps qu'il faut pour y obtenir 3 cm d'eau. Sur sol sablonneux, 2 arrosages par semaine sont nécessaires.

• La hauteur de coupe doit être de 5 cm pour les premières coupes et de 8 cm en été. Même si l'herbe est haute, ne pas couper plus de 1/3 de la hauteur du gazon, afin qu'il reste sain.

Gazon (mousse dans la)

Pour tuer la mousse qui envahit votre pelouse, mettre du sulfate de fer et attendre 2 semaines avant de ratisser la mousse morte.

Glaïeuls

Contrairement aux autres fleurs en vase, les glaïeuls n'aiment pas l'eau ; quelques centimètres d'eau dans le fond du vase suffisent.

Graines

Les graines se conservent d'une année sur l'autre enfermées dans une boîte hermétique, en fer ou en plastique, entreposée dans un endroit frais. Mais il ne faut pas ranger la boite dans un placard ou sur une étagère en aggloméré ; la colle contient du formol, et peut détruire les semences.

Guêpe

• Pour piéger les guêpes, disposer des bouteilles avec un fond d'eau aromatisée au miel.

Hortensia

Pour avoir un hortensia bleu, enfouir près de ses racines des clous rouillés.

Lilas

• Au printemps, après la floraison, sur les massifs de lilas, supprimer les fleurs séchées ou fanées, les branches mortes et les vieilles branches. Ne jamais tailler les extrémités des branches après la fin du mois de juin, car ce serait supprimer les bourgeons floraux : il n'y aurait pas de fleurs au printemps suivant.

Limaces

• Les limaces apprécient la bière. Parsemez les carrés de salades de soucoupes remplies de bière : vous y recueillerez les limaces ivres mortes.

• Autre méthode, répandre autour des plants à protéger des coquilles d'œuf, du sable ou de la cendre pour empêcher les limaces de passer.

Mimosa

• Le mimosa gardera sa fraîcheur pendant plusieurs jours s'il est immergé dans de l'eau chaude plutôt que dans de l'eau froide. • Cela vaut également pour les petites *pâquerettes*.

Mites

• Contre les mites, un procédé plus odorant que la naphtaline, et aussi efficace : mettre du thym en branche entre les piles de linge. • On peut aussi suspendre dans les armoires une orange piquée de clous de girofle. • Les produits antimites ne tuent pas les œufs qui se trouvent déjà dans les vêtements. Il faut donc nettoyer ceux-ci avant de les ranger.

• Le bois de cèdre dégage un parfum ayant la propriété d'éloigner les mites.

• Quelques gouttes de lavande, de thym ou de marjolaine chassent les mites tout en parfumant le linge. En imbiber régulièrement un morceau de coton hydrophile placé parmi le linge.

Moustiques

L'huile essentielle de citronnelle a la propriété d'éloigner les moustiques. S'en frotter les bras et le cou ou s'en asperger.

• Garnir son balcon et ses fenêtres de géraniums est décoratif et éloigne aussi les moustiques de la maison, qu'on peut aussi faire fuir en piquant une grosse orange de clous de girofle.

Plantes (feuilles)

• Si les feuilles de vos plantes vertes jaunissent, c'est peut-être que vous les arrosez trop. Demandez l'avis d'un professionnel.

• Pour rendre brillantes les feuilles des plantes d'intérieur, surtout celles qui sont lisses et prennent plus facilement la poussière, on peut les nettoyer à l'aide d'un chiffon imbibé de bière.

Plantes (parasites des)

• Pour éviter que les parasites envahissent vos fleurs en pots, plantez une gousse d'ail dans le terreau à côté de la plante. • Un clou de girofle, lui aussi enfoncé dans la terre, protégera les plantes d'intérieur contre certains parasites.

Plantes vertes (engrais pour)

• L'eau de cuisson des œufs à la coque est riche en sels minéraux ; on l'utilisera pour arroser les plantes vertes d'appartement.

• Pour ces plantes, rajoutez au terreau du marc de café mélangé à du sucre, ou des feuilles de thé infusées (enfoncez-les dans le terreau), ou des coquilles d'œufs broyées avec du sucre en poudre.

• Le marc de café constitue aussi un engrais de bonne qualité. • On peut également arroser les plantes de temps à autre avec une infusion de thé refroidi.

• S'il vous reste un peu de vin rouge ou de la lie au fond d'une bouteille, ne le jetez pas ; délayez-le résidu dans l'eau et arrosez-en vos plantes d'appartement. Elles en seront vivifiées.

• Ne jetez pas l'eau des pommes de terre. Si elle n'est pas trop salée, servez-vous en pour arroser vos plantes d'intérieur ; c'est un bon fertilisant.

Plantes vertes (rempotage)

Dépoter la plante une fois par an et examiner la motte. Si les racines sont trop serrées, la plante est à l'étroit dans son pot. Choisir un pot propre et d'une taille juste au-dessus du précédent ; il y a trop d'humidité dans un plus grand pot et la plante peut en mourir prématurément. Si une de vos plantes se trouve infestée de parasites, jetez-la sans tarder ; autrement elle contaminera les autres plantes.

Au Balcon et au Jardin

Pucerons

• Contre les pucerons, pincer les pousses attaquées. Poudrer avec du talc ou de la cendre de bois.

• Laisser macérer pendant plusieurs jours des mégots de cigarettes dans un arrosoir, et pulvériser le liquide obtenu sur les plantes où vous avez repéré des pucerons.

• Le marc de café, disposé au pied des plantations en éloigne aussi les pucerons.

• Pour protéger les géraniums des pucerons, les arroser avec de l'eau savonneuse (très concentrée en savon de Marseille).

• Faites macérer une poignée d'orties dans un arrosoir et versez la décoction sur les plantes que l'on veut débarrasser des pucerons.

Punaises

Les punaises aiment les meubles en bois, y compris les lits. Pour les éloigner, badigeonner les boiseries avec de l'huile essentielle de géranium ou de lavande, ou une décoction de feuilles de noyer (300 g de feuilles pour 1 l d'eau).

Roses en vase

Pour prolonger la durée des roses en vase, on fait tremper la base de leurs tiges sur une hauteur de 10 cm pendant 1 minute, dans de l'eau bouillante, avant de les remettre dans le vase, préalablement rempli d'eau glacée.

Vase

• Ne jetez pas un vase poreux auquel vous tenez ; faites fondre de la paraffine et tapissez-en son fond sur une épaisseur de 1 centimètre environ. Il redeviendra étanche.

• Mettez des billes à jouer au fond d'un vase qui a trop tendance à verser, afin de le lester. Ces billes de couleur seront esthétiques si le vase est transparent, et pourront aussi servir de pique-fleurs.

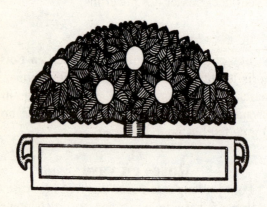

Un Proverbe par Jour

Le colleur d'affiches

Trucs et conseils à l'ancienne

Un livre, **Anciens et nouveaux proverbes**, édité en 1877, proposait à ses lecteurs une sentence ou un proverbe par jour. Voici ce florilège, qui présente dictons connus et maximes oubliées ; c'est, pour un usage quotidien, un condensé, tantôt souriant, tantôt grave, parfois fataliste, souvent chargé d'espoir, de la vieille sagesse populaire.

1er janvier : Les absents ont toujours tort, qu'on les oublie ou qu'on parle d'eux.
2 janvier : Trop parler nuit ; trop gratter cuit.
3 janvier : Mieux vaut ployer que rompre, même quand on est de bois.
4 janvier : Il faut boire le vin quand il est versé.
5 janvier : On ne peut tirer la moindre farine d'un sac de charbon.
6 janvier : Qui se sent morveux se mouche.
7 janvier : Les bons comptes font les bons amis.
8 janvier : À qui veut mal, le mal arrive.
9 janvier : N'est pas bon menteur qui ne possède bonne mémoire.
10 janvier : Quand la poule chante plus haut que le coq, il faut lui rabattre le caquet.
11 janvier : Il n'est si petit pot qui ne trouve son couvercle.
12 janvier : Celui qui porte sa chaussure juste, n'a pas toujours la conscience pareille.

Un Proverbe par Jour

13 janvier : Il vaut mieux dormir dans de mauvais draps que dans des draps pris.
14 janvier : Tout est contraste dans la nature, les fiévreux tremblent de froid parce qu'ils brûlent.
15 janvier : Goutte à goutte, la pierre se creuse.
16 janvier : Abondance de biens ne nuit pas.
17 janvier : Loin des yeux, loin du cœur.
18 janvier : On connaît l'homme par ses actions.
19 janvier : Il faut saisir la balle au bond.
20 janvier : À bon chat, bon rat.
21 janvier : Chaque jour amène son pain.
22 janvier : Bon ami passe mauvais parent.
23 janvier : Mieux vaut tuer diable que diable vous tue.
24 janvier : Il ne faut pas juger le sac à l'étiquette.
25 janvier : Ventre affamé n'a pas d'oreilles.
26 janvier : Un bienfait n'est jamais perdu.
27 janvier : Pas de rose sans épine, pas de plaisir sans peine.
28 janvier : Chien en vie vaut mieux que lion mort.
29 janvier : Un homme averti en vaut deux.
30 janvier : La nuit porte conseil.
31 janvier : A quelque chose malheur est bon.
1er février : Qui vit mal craint toujours.
2 février : À sotte demande, point de réponse.
3 février : Payer ses dettes, c'est s'enrichir.
4 février : Ne faites pas à autrui ce que vous ne voudriez pas qu'on vous fît.

Trucs et conseils à l'ancienne

5 février : Les bons maîtres font les bons valets.
6 février : Il est plus beau de donner que de recevoir.
7 février : Tout par douceur et rien par force.
8 février : Petite pluie abat grand vent.
9 février : Qui ne doute de rien, ne sait rien.
10 février : Petits ruisseaux font grandes rivières.
11 février : À toujours en retirer, à n'y rien mettre, il n'est sac qui ne se vide.
12 février : Selon ta bourse, gouverne ta bouche.
13 février : Ne jetons pas le manche après la cognée.
14 février : Mieux vaut se coucher sans souper que de se lever avec des dettes.
15 février : L'homme propose, Dieu dispose.
16 février : L'habitude est une seconde nature.
17 février : Mal d'autrui ne nous touche guère.
18 février : Avec la volonté, on vient à bout de tout.
19 février : Tout vient à point à qui sait attendre.
20 février : Erreur n'est pas compte.
21 février : Qui prouve trop, ne prouve rien.
22 février : Sois lent à délibérer, prompt à exécuter.
23 février : Chat échaudé craint l'eau froide.
24 février : La familiarité engendre le mépris.
25 février : L'amour d'une mère est le meilleur.
26 février : Bouche de miel, main de fiel.
27 février : Toutes les fautes sont personnelles.
28 février : Temps pommelé, pomme ridée, femme fardée, ne sont pas de longue durée.

Un Proverbe par Jour

1ᵉʳ mars : Ce que femme veut, Dieu le veut.
2 mars : La fin couronne l'œuvre.
3 mars : Tel se croit sage qui souvent est fou.
4 mars : La raison du plus fort n'est pas toujours la meilleure.
5 mars : Les battus payent l'amende.
6 mars : La caque sent toujours le hareng.
7 mars : Qui ne hasarde rien, n'a rien.
8 mars : Un marchand de vin peut devenir teinturier.
9 mars : Quand on doit ce qu'on a, on n'a pas ce qu'on doit.
10 mars : La franchise est souvent le masque de l'insolence ou de la brutalité.
11 mars : Ne remettez pas au lendemain ce que vous pouvez faire le jour même.
12 mars : Où la force règne, la raison perd ses droits.
13 mars : Être sage, c'est savoir se connaître.
14 mars : Il n'y a que les honteux qui perdent.
15 mars : Le fruit qu'on ne peut atteindre est toujours trop vert.
16 mars : Nécessité est mère de l'invention.
17 mars : Nourrissez un corbeau, il vous crèvera l'œil.
18 mars : Le bon pâtit pour le méchant.
19 mars : Qui veut tuer son chien dit qu'il est enragé.
20 mars : Les gros poissons mangent les petits.
21 mars : Comme on connaît les saints on les honore.
22 mars : L'intention est réputée pour le fait.

Trucs et conseils à l'ancienne

23 mars : Jeu de main, jeu de vilain.
24 mars : Si jeunesse savait, si vieillesse pouvait, jamais rien ne manquerait.
25 mars : Il meurt autant de veaux que de bœufs.
26 mars : À tout seigneur, tout honneur.
27 mars : Qui n'entend qu'une cloche n'entend qu'un son.
28 mars : Charbonnier est maître chez lui.
29 mars : Une conscience pure est la meilleure loi.
30 mars : Cherche le bien, mais attends le mal.
31 mars : Un malheureux n'a pas souvent d'amis.
1ᵉʳ avril : Marchand qui perd ne peut rire.
2 avril : Contentement passe richesse.
3 avril : Vouloir, c'est pouvoir.
4 avril : Le bonheur est dans la médiocrité.
5 avril : Homme sourd et femme aveugle feront toujours bon ménage.
6 avril : Bon sang ne peut mentir.
7 avril : On ne peut manger à deux râteliers à la fois.
8 avril : On est bien venu quand on apporte.
9 avril : Fais ce que tu dois, advienne que pourra.
10 avril : De trop près qui se chauffe, se brûle.
11 avril : Les bêtes nous apprennent à vivre.
12 avril : Vas où tu peux, meurs où tu dois.
13 avril : L'art perfectionne la nature.
14 avril : Nécessité n'a pas de loi.
15 avril : Les cordonniers sont les plus mal chaussés.

Un Proverbe par Jour

16 avril : Tout nouveau, tout beau.
17 avril : Chaque chose à son temps.
18 avril : L'occasion fait le larron.
19 avril : L'oisiveté est mère de tous les vices.
20 avril : Ne mettez pas la lumière sous le boisseau.
21 avril : Bon ouvrier sait se servir d'un mauvais outil.
22 avril : Le paresseux est toujours pauvre.
23 avril : Tout chemin mène à Rome.
24 avril : Parler est bien, agir vaut mieux.
25 avril : Tout ce qui est violent n'est pas durable.
26 avril : Qui a bu, boira ; qui a joué, jouera.
27 avril : Petit à petit, l'oiseau fait son nid.
28 avril : Nul n'est prophète en son pays.
29 avril : Pour un plaisir, mille douleurs.
30 avril : La voix du peuple est la voix de Dieu.
1er mai : Quand on n'avance pas, on recule.
2 mai : Les yeux sont les miroirs de l'âme.
3 mai : Jamais long nez n'a gâté beau visage.
4 mai : À l'impossible, nul n'est tenu.
5 mai : Il faut garder une poire pour la soif.
6 mai : À bon vin pas d'enseigne.
7 mai : N'éveillez pas le chat qui dort.
8 mai : Deux yeux voient mieux qu'un.
9 mai : Qui compte sans son hôte, compte deux fois.
10 mai : Tel rit le vendredi, qui pleurera le dimanche.
11 mai : Les railleurs sont souvent raillés.
12 mai : Après la pluie vient le beau temps.

Trucs et conseils à l'ancienne

13 mai : Qui mal veut, mal lui arrive.
14 mai : Tant va la cruche à l'eau qu'elle se casse.
15 mai : Il ne faut jurer de rien.
16 mai : Chose promise, chose due.
17 mai : À brebis tondue, Dieu mesure le vent.
18 mai : On ne sait ni qui vit ni qui meurt.
19 mai : Le remède est parfois pis que le mal.
20 mai : Qui casse les verres les paye.
21 mai : Flattez un chien, il vous caressera.
22 mai : L'exception confirme la règle.
23 mai : Il n'y a pas de feu sans fumée.
24 mai : La chair nourrit la chair.
25 mai : Adieu paniers, vendanges sont faites.
26 mai : Mieux vaut aller au moulin qu'au médecin.
27 mai : Après le repas, le feu ou le pas.
28 mai : Si votre chemise sait votre secret, brûlez-la.
29 mai : Toute vérité n'est pas bonne à dire.
30 mai : À vouloir blanchir un nègre, on use son savon.
31 mai : Dis-moi qui tu hantes, je te dirai qui tu es.
1er juin : Qui se ressemblent se rassemblent.
2 juin : Quatre yeux voient mieux que deux.
3 juin : Tous songes sont mensonges.
4 juin : La faim est un bon cuisinier.
5 juin : L'appétit vient en mangeant.
6 juin : Une hirondelle ne fait pas le printemps.
7 juin : Il faut casser la noix pour avoir le noyau.
8 juin : Tout n'est que vanité.

Un Proverbe par Jour

9 juin : Il faut toujours respecter la vieillesse.
10 juin : Pierre qui roule n'amasse pas mousse.
11 juin : Il fait bon d'avoir des amis partout.
12 juin : On n'est jamais sali que par la boue.
13 juin : Nos cinq doigts ne se ressemblent pas.
14 juin : On n'engraisse pas les porcs à l'eau claire.
15 juin : Qui prend femme prend maître.
16 juin : Au bout du fossé, la culbute.
17 juin : Un mors doré ne rend pas le cheval meilleur.
18 juin : Chacun se plaint de son métier.
19 juin : Morte la bête, mort le venin.
20 juin : Il vaut mieux suer que trembler.
21 juin : Ce qu'on méprise est souvent utile.
22 juin : Qui voit ses veines, voit ses peines.
23 juin : Qui dort dîne.
24 juin : Qui ne dit mot consent.
25 juin : La nuit, tous les chats sont gris.
26 juin : Qui ne se mêle de rien a toujours la paix.
27 juin : À l'œuvre on connaît l'ouvrier.
28 juin : Besogne commencée est à moitié faite.
29 juin : Toute médaille a son revers.
30 juin : L'œil du maître engraisse le cheval.
1er juillet : Il faut semer pour recueillir.
2 juillet : À chemin battu, il n'y a pas d'herbe.
3 juillet : Les petits cadeaux entretiennent l'amitié.
4 juillet : Qui aime Bertrand aime son chien.
5 juillet : Froides mains, chaudes amours.

Trucs et conseils à l'ancienne

6 juillet : Marchand d'oignons se connaît en ciboules.
7 juillet : Tout ce qui luit n'est pas or.
8 juillet : Clé d'argent ouvre toute porte.
9 juillet : À père avare, enfant prodigue.
10 juillet : Qui bâtit ment, qui bâtit pâtit.
11 juillet : La faim fait sortir le loup du bois.
12 juillet : Les bonnes gens sont faciles à tromper.
13 juillet : Le temps est le meilleur médecin.
14 juillet : Le chagrin ne paye pas un liard de dette.
15 juillet : Nul ne peut servir deux maîtres.
16 juillet : Quand on est bien, il faut s'y tenir.
17 juillet : Cœur qui soupire n'a pas ce qu'il désire.
18 juillet : Comparaison n'est pas raison.
19 juillet : La critique est aisée et l'art est difficile.
20 juillet : Ce qui est différé n'est pas perdu.
21 juillet : Gros gagneur, gros dépenseur.
22 juillet : Est assez riche qui ne doit rien.
23 juillet : Voyage de maître, noce de valets.
24 juillet : Trois déménagements valent un incendie.
25 juillet : Les mots s'envolent, l'écriture reste.
26 juillet : Chaque oiseau trouve son nid beau.
27 juillet : Il n'y a que le premier pas qui coûte.
28 juillet : Aide-toi, le ciel t'aidera.
29 juillet : Tout ce qui branle ne tombe pas.
30 juillet : Il n'est personne qui ne se trompe.
31 juillet : Mieux vaut faire envie que pitié.
1ᵉʳ août : La terre couvre les fautes des médecins.

Un Proverbe par Jour

2 août : Menteur comme un arracheur de dents.
3 août : La prudence est mère de la sûreté.
4 août : Dans un vieux pot on fait de bonne soupe.
5 août : Le plus grand saint pèche sept fois par jour.
6 août : Femme sage reste à son ménage.
7 août : Rira bien qui rira le dernier.
8 août : Fin contre fin n'est pas bon pour doublure.
9 août : Plus on est de fous, plus on rit.
10 août : Les honneurs changent les mœurs.
11 août : Il faut avoir plusieurs cordes à son arc.
12 août : Souris qui n'a qu'un trou est bientôt prise.
13 août : Qui trop embrasse, mal étreint.
14 août : Assez y a, si trop y a.
15 août : Un homme sans abri est un oiseau sans nid.
16 août : On fait mal une chose quand on la fait à bâtons rompus.
17 août : Laboure bien, tu recueilleras beaucoup.
18 août : Année de vin, point d'avoine.
19 août : Il n'y a ni belles prisons ni laides amours.
20 août : Le miel n'est pas fait pour la gueule de l'âne.
21 août : Quand le puits est sec on sait le prix de l'eau.
22 août : Chance vaut mieux que bien joué.
23 août : L'enfer est pavé de bonnes intentions.
24 août : Bon chien n'aboie pas à faux.
25 août : Il faut que tout le monde vive.
26 août : Être son maître vaut de l'or.
27 août : Qui fait la loi, doit la respecter.

Trucs et conseils à l'ancienne

28 août : Se battre ou se marier ne doit se conseiller.
29 août : Comme on fait son lit on se couche.
30 août : C'est le ton qui fait la musique.
31 août : Qui n'a qu'un habit n'en a pas.
1ᵉʳ septembre : A beau mentir, qui vient de loin.
2 septembre : La sauce fait manger le poisson.
3 septembre : Il ne faut pas dire fontaine, je ne boirai pas de ton eau.
4 septembre : Un peu d'aide fait grand bien.
5 septembre : Laissons passer les plus pressés.
6 septembre : Curiosité n'est pas vice.
7 septembre : Il ne faut pas tant de beurre pour faire un quarteron.
8 septembre : Cherchez, et vous trouverez.
9 septembre : Bienheureux les pauvres d'esprit.
10 septembre : Promettre et tenir sont deux.
11 septembre : Qui se fait mouton, le loup le mange.
12 septembre : En tout il faut considérer la fin.
13 septembre : Faute d'un moine, l'abbaye ne meurt pas.
14 septembre : Je ne me chauffe pas de ce bois-là.
15 septembre : À trop tirer, la corde casse.
16 septembre : Petit poisson deviendra grand.
17 septembre : Ce n'est pas l'enseigne qui fait la maison.
18 septembre : Où il y a gêne, il n'y a pas de plaisir.
19 septembre : Il ne faut pas jouer, avec le feu.
20 septembre : Qui veut aller loin ménage sa monture.
21 septembre : On a tous les ans douze mois.

Un Proverbe par Jour

22 septembre : Il n'est pire eau que l'eau qui dort.
23 septembre : Ça n'est pas tous les jours fête.
24 septembre : Il faut être de son temps.
25 septembre : Il est un dieu pour les ivrognes.
26 septembre : Sots, depuis Adam, sont en majorité.
27 septembre : En forgeant qu'on devient forgeron.
28 septembre : Chaque chose a son agrément.
29 septembre : On ne badine pas avec l'amour.
30 septembre : Il faut hurler avec les loups.
1er octobre : La mauvaise herbe croît toujours.
2 octobre : L'homme s'agite et Dieu le mène.
3 octobre : Bien perdu ne profite à personne.
4 octobre : N'est pas marchand qui toujours gagné.
5 octobre : Il faut en prendre et en laisser.
6 octobre : À trompeur, trompeur et demi.
7 octobre : Ce qui abonde ne nuit pas.
8 octobre : Chacun pour soi, Dieu pour tous.
9 octobre : La belle plume fait le bel oiseau.
10 octobre : Ne mettez pas la pièce à côté du trou.
11 octobre : Le lièvre revient toujours à son gîte.
12 octobre : Qui perd, gagne souvent.
13 octobre : Ventre de son, robe de velours.
14 octobre : Le loup mourra dans sa peau.
15 octobre : Quand la poire est mûre, elle tombe.
16 octobre : Qui donne mal, ne donne rien.
17 octobre : Toute chose n'a qu'un temps.
18 octobre : L'occasion perdue ne se retrouve pas.

Trucs et conseils à l'ancienne

19 octobre : L'orgueil amène l'écrasement.
20 octobre : La paresse a beaucoup d'amis.
21 octobre : À bon entendeur ne faut qu'une parole.
22 octobre : Coup de langue est pire que coup de pied.
23 octobre : N'a pas fini qui commence.
24 octobre : D'un seul coup on n'abat pas un chêne.
25 octobre : Il n'y a pas de petit chez soi.
26 octobre : Vie régulière est le meilleur médecin.
27 octobre : Il ne faut pas s'embarquer sans biscuit.
28 octobre : Qui va lent va bien, qui va bien va loin.
29 octobre : On meurt comme on a vécu.
30 octobre : Qui veut battre son chien trouve toujours des bâtons.
31 octobre : Il ne faut qu'une étincelle pour allumer un incendie.
1er novembre : Un homme d'honneur n'a que sa parole.
2 novembre : Tel doigt, telle bague.
3 novembre : Quand on ne peut mordre, il ne faut pas aboyer.
4 novembre : Il n'y a que les sots qui se vantent.
5 novembre : Tout mauvais cas est niable.
6 novembre : De deux maux, il faut choisir le moindre.
7 novembre : L'injustice retombe sur celui qui l'a faite.
8 novembre : À chacun sa marotte.
9 novembre : Où l'on est bien, il faut savoir se tenir.
10 novembre : La maladie vient à cheval et s'en retourne à pied.

Un Proverbe par Jour

11 novembre : Le bon vin fait le bon vinaigre.
12 novembre : Jeunesse qui veille et vieillesse qui dort sont deux signes de mort.
13 novembre : Moineau en main vaut mieux que poule qui vole.
14 novembre : Pas de grand homme pour son valet de chambre.
15 novembre : La vérité, comme l'huile, s'élève au-dessus de tout.
16 novembre : Il faut vieillir ou mourir jeune.
17 novembre : Le vin trouble ne casse pas les dents.
18 novembre : Plus d'un âne à la foire est appelé Martin.
19 novembre : Au gueux la besace.
20 novembre : On ne peut pas peigner un diable qui n'a pas de cheveux.
21 novembre : Les plus forts font souvent la loi.
22 novembre : On mange bien des perdrix sans orange.
23 novembre : Il n'y a que le premier pas qui coûte.
24 novembre : Voleur qui en vole un autre, le diable en rit.
25 novembre : Sans pain, sans vin, amour n'est rien.
26 novembre : Le joueur n'a pas de cordon à sa bourse.
27 novembre : La lisière est pire que le drap.
28 novembre : Qui ne nourrit le chat, nourrit le rat.
29 novembre : Langue muette n'est jamais battue.
30 novembre : Ce n'est pas celui qui gagne l'avoine qui la mange.

Trucs et conseils à l'ancienne

1er décembre : Qui bon l'achète, bon le boit.
2 décembre : Au mauvais chemin, double le pas.
3 décembre : Sans foin au râtelier chevaux se battent.
4 décembre : Ami au prêter, ennemi au rendre.
5 novembre : Tout par amour et rien par force.
6 novembre : Mieux vaut être marteau qu'enclume.
7 décembre : Chacun cherche son semblable.
8 décembre : Donner aux pauvres ne ruine jamais.
9 décembre : Le bonheur dépend toujours de soi.
10 décembre : C'est le ventre qui fait aller les pieds.
11 décembre : Des femmes et des chevaux, il n'en est pas sans défauts.
12 décembre : Quand le diable devient vieux, il se fait ermite.
13 décembre : Qui doit a tort ; qui répond paye.
14 décembre : Tel père tel fils.
15 décembre : Ne mange pas ton blé en vert.
16 décembre : Charité bien ordonnée commence par soi-même.
17 décembre : Bonne volonté est réputée pour le fait.
18 décembre : La fourmi même a sa colère.
19 décembre : Chacun son métier et les vaches seront bien gardées.
20 décembre : À tout péché, miséricorde.
21 décembre : Il ne faut pas vendre la peau de l'ours avant de l'avoir tué.

Un Proverbe par Jour

22 décembre : Tête de fou ne blanchit pas.
23 décembre : L'amour et la fortune sont aveugles.
24 décembre : Guerre et pitié ne vont pas ensemble.
25 décembre : Ne méprise pas ce que tu ignores.
26 décembre : Partage de lion quand tout est d'un côté, et rien de l'autre.
27 décembre : Rendez à César ce qui est à César et à Dieu ce qui est à Dieu.
28 décembre : Bon coq est fort sur son fumier.
29 décembre : Gardez-vous de qui n'a rien à perdre.
30 décembre : Au pied du mur, on voit le maçon.
31 décembre : Le papier supporte tout.

À brebis tondue Dieu mesure le vent...

Trucs et conseils à l'ancienne

A

Abat-jour, 156
Abricot, 94
Accroc (tissu), 170
Achat (au supermarché), 32
Achat fruits, 97
Acier, 190
Adhésif, 156
Agneau, 38
Aiguilles, 170
Ail, 84
Ail (digestion), 230
Aïoli, 84
Alcool, 114
Alcool (éliminer), 210
Alcool (tache), 158
Alliances (bijoux), 148
Alose, 46
Aluminium, 190
Aluminium (casserole), 33
Amandes, 94
Amidon (col), 173
Amidon (napperons), 176
Ampoule électrique, 156
Ananas, 94
Anchois, 46
Anniversaires, 262
Antimite, 170
Appareils ménagers, 28
Argenterie, 149
Aromates, 85
Arrivée (heure), 244
Arrosage (fleurs), 274
Artichauts, 54
Asperges, 55
Aspirateur (odeur), 164
Assiette à dessert, 104
Assiettes, 150
Aubergines, 55
Avocats, 56

B

Bac plastique (nettoyage), 33
Bain, 210
Bambou (meuble), 157
Banane, 95
Barbecue, 14
Bas nylon, 171
Beauté (masque), 218
Bébé (chaussures), 184
Béchamel, 85
Beignets, 104
Betterave, 56
Beurre, 76
Bière (tache sur bois), 159
Bijoux en argent, 151
Bijoux en or, 151
Bijoux fantaisie, 151
Biscottes, 56
Blancs en neige, 104

Index des mots cités

Bois (entretien), 159
Bois (nettoyage), 157, 190
Bois (taches), 159
Bois ciré, laqué, verni, 158
Boissons, 114
Bottes, 184
Bouchons, 116
Bougies, 190
Bougie (tache), 159
Bouteilles, 116, 191
Boutons (habit), 171
Boutures (fleurs), 275
Brandade, 48
Brochettes, 38
Bronze, 192
Brosse à cheveux, 210
Brosse à habits, 171
Brûlure, 210
Buée (lunettes), 199
Buée (miroir), 192

C

Cadeau (ouvrir un), 262
Cadres, 192
Cafards, 275
Café, 117
Café (tache), 153
Calcaire (dépôt de), 32, 206
Cambouis, 217
Camembert, 76
Canevas, 171
Carafe, 118, 191
Caramel, 105
Carottes, 57
Carrelage, 140
Casserole (aluminium), 33
Casserole (cuivre), 34
Casserole (étain), 34
Casserole (fonte), 34
Casserole (récurer), 33
Cave, 118
Caviar, 46
Cendre de bois, 276
Céramique (à percer), 201
Chaîne (bijou), 152
Chambre (odeur), 164
Chamois (peau), 201
Champagne, 120
Champignons, 57
Chapelure, 58
Châtaignes, 66
Chatons (fleurs), 276
Chaudron (rouille), 166
Chaussettes, 172
Chaussures, 184
Cheminée, 160
Cheveux, 211
Cheveux (chute), 212
Chewing-gum (tissu), 172
Chewing-gum (cheveux), 212

Trucs et conseils à l'ancienne

Chips, 58
Chocolat, 105
Chocolat (tache), 178
Chou, 59
Chou-fleur, 59
Chrome, 193
Chute des cheveux, 212
Cire (tache), 178
Ciseaux, 172
Citron, 85, 95
Citron (bain), 210
Civet (sang pour), 42
Clefs (rouille), 166
Clou, 160
Coccinelles, 280
Cocktail, 120
Cocotte en fonte, 34
Cocotte-minute, 14
Col, 172
Collants, 171
Colle, 161
Colle (tache), 178
Compote, 96
Condiments, 84
Confitures, 105
Concombre, 60
Congélateur, 28
Congélateur (panne), 29
Congélation, 28
Constipation, 231

Conversation, 244
Coquillages, 46
Cornichons, 86
Corps (massage), 219
Cors (aux pieds), 213
Coton, 173
Courbatures (dos), 213
Courgette, 60
Court-bouillon, 49
Couteau, 236
Couverts, 236
Crème anglaise, 106
Crème Chantilly, 106
Crème fouettée, 106
Crème fraîche, 86
Crêpes, 107
Cresson, 61
Crevettes, 47
Crise de foie, 231
Cristal, 194
Cuir (entretien), 186
Cuir (taches), 187
Cuisine (vocabulaire), 20
Cuissons, 14, 38
Cuivre, 194
Cure-dent, 237
Cuvette (toilettes), 206

Index des mots cités

D

Daim (chaussures), 186
Daim (col), 173
Décongélation, 29
Démangeaisons, 213
Dent (mal), 232
Dentelles, 173
Dentifrice, 231
Dents, 231
Désherbant, 277
Dessert (assiette à), 104
Dessert (service à), 240
Desserts, 104
Deuil, 255
Digestion (ail), 230
Digestion (alcool), 230
Digestion lourde, 231
Dos (courbatures), 213
Douche (pomme), 206
Douche (rideau), 206
Durillons, 213

E

Eau de Javel (odeur), 217
Ébène (meuble), 161
Écharde, 213
Écrevisses, 47
Émail, 36
Émaux, 152
Encre (tache), 178, 217
Endive, 61
Engrais (plantes), 283
Enterrement, 255
Épi (cheveux), 214
Épine, 213
Éponges, 207
Escaliers, 247
Escalopes panées, 39
Escargots, 47
Estragon, 86
Étains, 196
Étiquettes (bouteilles), 120
Étrennes, 262
Évier (odeurs), 207

F

Faïence, 208
Farce, 39, 44
Fauteuil (osier), 162
Fauteuil (velours), 162
Féculents, 54
Fêlée (assiette), 150
Fenêtre, 162
Fer à repasser, 173
Fer forgé (rouille), 166, 196
Fermeture à glissière, 174
Ferrure rouillée, 166
Feu (cheminée), 160
Feu vif (cuisson à), 14
Feuilles (plantes), 286

Trucs et conseils à l'ancienne

Feutrage, 175
Fiançailles, 256
Ficelle, 163
Figue, 96
Flambage, 14, 108
Fleurs (langage), 269
Fleurs en vase, 281
Fleurs séchées, 278
Foie (crise de), 231
Foie (cuisson), 39
Foie gras, 39
Fonte (cocotte en), 34
Four (températures), 15
Four à micro-ondes, 31
Fourchette, 237
Fourmillements, 214
Fourmis, 282
Fraises, 96
Fraise (tache sur tissu), 178
Framboise (tache), 178
Frisée aux lardons, 62
Frites, 62
Friture, 15
Fritures (congelées), 28
Fromages, 77
Fruitier, 99
Fruits, 94
Fruits (achat), 97
Fruits (à table), 98
Fruits (mains tachées), 217
Fruits réfrigérés, 99
Fruits rouges, 98
Fruits secs, 99
Fumée (tabac), 163

G

Gants, 175
Garde-manger, 30
Gâteau (congélateur), 28
Gâteau (nappage), 110
Gazon, 279
Gel, 206
Gerçures (mains), 216
Glace, 109
Glaçons, 121
Glaïeuls, 280
Gorge (mal), 215
Goudron, 217, 226
Graines, 280
Graisse (tache sur tissu), 178
Gratin (brûlé), 16
Gratin (congelé), 28
Gratin (plat à), 35
Gril, 160
Grincement (porte), 165
Grumeaux (sauce sans), 91
Gruyère, 78
Guêpes, 224, 280

Index des mots cités

H

Haleine fraîche, 232
Harengs, 47
Haricots secs, 63
Haricots verts, 63
Herbe (tache sur tissu), 179
Hoquet, 215
Hortensias, 280
Huile (tache sur bois), 160
Huile (tache sur tissu), 179
Huile, 87
Huile d'olive, 87
Huîtres, 47

I - J

Incongruités, 247
Inox, 197
Irritation (peau), 222
Ivoire, 197
Jade, 198
Jeans, 175
Jus de fruit, 121

L

Lacets, 187
Laine, 176
Lait, 78
Lait démaquillant, 215
Laitances, 48
Langage des fleurs, 272
Lavabo, 208
Lavage (soie), 177
Lave-vaisselle, 30
Légumes (mains tachées), 217
Légumes, 54
Légumes congelés, 28
Légumes réfrigérés, 64
Légumes secs, 63
Légumes verts, 64
Lentilles, 65
Levure, 109
Lilas, 280
Limaces, 281
Linoléum, 140
Liquides (traces), 158
Livres, 198
Lunettes, 199
Lustrage, 176

M

Mâche, 65
Madère, 121
Mains abîmées, 216
Mains blanches, 215
Mains douces, 216
Mains gercées, 216
Mains moites, 216
Mains sentant le…, 217
Mains tachées, 217
Maintien à table, 238

Trucs et conseils à l'ancienne

Maître d'hôtel (beurre), 76
Mal aux dents, 232
Maquillage, 218
Marbre, 141
Mariage, 257
Marinade de gibier, 40
Marrons, 66
Masque de beauté, 218
Massage, 219
Massage des pieds, 223
Mayonnaise, 87
Mayonnaise (congelée), 28
Melon, 67, 101
Mesures, 12
Meuble (brillance), 163
Meuble (déplacer), 164
Meuble (odeur), 164
Meubles, 163
Micro-ondes, 31
Miel, 110
Millésime, 121
Mimosa, 281
Miroir, 200
Mise en plis, 219
Mites, 147, 170, 281
Moisissure (tache), 179
Moisissures (sol), 142
Moites (mains), 216
Montre, 152
Moquette, 143

Moquette (taches), 143
Morue, 48
Moule, 49
Mousse (pelouse), 279
Moustiques, 224, 282
Moutarde, 88
Murs (graisseux), 35

N - O

Nacre, 153
Nappage (gâteau), 110
Napperon, 176
Navets, 67
Nervosité, 220
Nettoyage de plastique, 33
Nettoyage des murs gras, 35
Nettoyage ustensiles, 35
Nettoyage lave-vaisselle, 30
Nettoyage micro-ondes, 31
Nettoyage réfrigérateur, 32
Nickel, 201
Nicotine (mains), 218
Nicotine (tache), 179
Noix, 66, 101
Noix de coco, 101
Odeur des pieds, 223
Odeurs (tapis), 146
Odeurs (aspirateur), 164
Odeurs (chaussures), 184
Odeurs (cuisine), 36

Index des mots cités

Odeurs (évier), 207
Odeurs (mauvaises), 36
Odeurs (meubles), 164
Odeurs (peinture), 164
Odeurs (radiateur), 164
Odeurs (séjour), 164
Odeurs (tabac), 164
Œufs, 78
Œufs à la coque, 79
Œufs au plat, 80
Œufs (en neige), 104
Œufs brouillés, 80
Œufs congelés, 28
Œufs (conservation), 81
Œufs pochés, 81
Œufs (tache sur tissu), 179
Offrir (art), 263
Oignon (mains sentant), 217
Oignons, 88
Olive (huile), 87
Omelette, 82
Ongles, 220
Orange, 101
Ordinateur, 165
Oreiller, 221
Orgelet, 221
Osier (fauteuil), 162
Ourlets, 176
Oursins, 49, 224

P - Q

Pain, 67
Panne de congélateur, 29
Parasites (plantes), 287
Parfum, 248
Parquet, 144
Pâte à tarte, 111
Pâtes, 68
Pâtes congelées, 28
Pâtisseries, 104
Pâtisseries (au four), 16
Paupières (fripées), 221
Peau, 222
Peau de chamois, 201
Peau douce, 221
Pêche, 102
Peigne, 222
Peinture (mains), 217
Peinture (odeur), 164
Pellicules (cheveux), 223
Pelouse, 283
Perçage, 201
Perles, 153
Persil, 89
Photographies, 202
Pieds, 223
Pieds (massage), 223
Piqûre d'insecte, 224
Plancher, 144
Planter (clou), 160

Trucs et conseils à l'ancienne

Plantes (rempotage), 284
Plantes vertes (engrais), 283
Plat à gratin, 35
Plat en terre, 35
Plâtre, 202
Poches (yeux), 221
Poids et mesures, 12
Poires, 102
Poisson (odeur), 217
Poissons, 46, 49
Poisson (décongélation), 29
Poivrons, 69
Pomme (douche), 206
Pommes, 102
Pommes de terre, 69
Porcelaines, 153
Porte, 165
Pot-au-feu, 40
Potiron, 71
Poubelle, 36
Pourboires, 262
Poux, 225
Présentations, 258
Proverbes, 287
Pruneaux, 102
Pucerons, 285
Punaises, 285
Purée de pommes de t…, 70
Purée de tomates, 73
Quenelles, 70

R

Radiateur (odeur), 164
Radis, 71
Raisins secs, 102
Rapiéçage, 177
Réception d'amis, 249
Récurer une casserole, 33
Réfrigérateur, 32
Refroidir un plat, 16
Relaxation (bain), 210
Remerciements, 262
Rempotage, 288
Résine (tache sur tissu), 179
Rhubarbe, 110
Rhume de cerveau, 225
Rideau (douche), 206
Rideaux, 177
Rides, 225
Riz, 71
Robinetterie, 208
Roses en vase, 285
Rôtis, 17, 41
Rouge à lèvres (tache), 179
Rouille, 166
Rouille (clefs), 166
Rouille (tache sur tissu), 179
Rouleau à pâtisserie, 110
Rugosité (peau), 216

Index des mots cités

S

Salade, 72
Salutations, 260
Sang (civet), 42
Sang (tache sur tissu), 179
Sardines, 52
Sauce blanche, 90
Sauce sans grumeaux, 91
Sauces (congélateur), 28
Saucisses, 42
Saucisson, 42
Saumon, 52
Sauté, 43
Savoir-vivre, 244
Savon recyclé, 208
Sciage, 167
Sécheresse (peau), 222
Sel, 91
Semelles, 187
Service à table, 241
Serviette, 241
Shampooings, 226
Soie, 177
Sorbet, 109
Soufflé, 111
Stylo bille, 167
Stylo bille (tache), 180
Stylo feutre, 167
Sucre, 111
Sucre (tache sur tissu), 180

T - U

Tabac, 164, 250
Tabac (mains tachées), 218
Table (maintien), 238
Table (service à), 241
Tache de vin, 122
Taches sur bois, 159
Tache (cuir), 187
Tache (moquette), 143
Tache (tapis), 145
Taches sur la peau, 226
Taches sur tissu, 178
Talons (chaussures), 188
Tapis, 145
Tapis (taches), 145
Tarte, 111
Tartes (congelées), 28
Températures de four, 15
Terrine, 43
Thé (service), 122
Thé (taches), 153
Théière, 154
Tiroir, 167
Tissu (reconnaître), 180
Tomates, 72
Tomates (purée), 73
Tomates farcies, 74
Toux, 227
Traces de liquides, 158
Treize à table, 242

Trucs et conseils à l'ancienne

Tuyau, 168
Urine (sur tissu), 180
Ustensiles ménagers, 28
Ustensiles (nettoyage), 35

V

Vaisselle (fêlée), 150
Vase, 286
Veau, 43
Velours (fauteuil), 162
Vernis à ongles, 227
Verre (à percer), 201
Verre échaudé, 123
Verre givré, 123
Verre (nettoyage), 123
Verres à vin, 132
Verres empilés, 123
Verres (lunettes), 199
Verrue, 228
Vêtements (choix), 181
Viande (cuisson), 17
Viande (décongélation), 29
Viennoiseries, 112
Vin blanc, 133

Vin (choix), 124
Vin (classement), 125
Vin (composition), 125
Vin (dégustation), 125
Vin (mots), 127
Vin nouveau, 134
Vin (odeurs), 129
Vin (présentation), 130
Vin rosé, 135
Vin rouge, 135
Vin (température), 131
Vin (verres), 132
Vin (tache sur tissu), 180
Vinaigrette, 91
Vins (température), 131
Vis, 168
Vitre, 200
Vitre (nettoyer), 200
Vive, 224
Vocabulaire de cuisine, 20
Voix, 228
Volaille, 44
W.-C., 252

Index des mots cités

Les illustrations des têtes de chapitres sont tirées du recueil Les Cris de Paris, *réalisé entre 1737 et 1742 sous le règne de Louis XV, par Edme Bouchardon, sculpteur et dessinateur (1698-1762) et gravé par le comte de Caylus, militaire, archéologue et écrivain français (1692-1765).*
Ci-dessus le vendeur d'images.